弁護士の仕事術 I

法律相談マニュアル

弁護士 藤井 篤 著

日本加除出版株式会社

推薦のことば

　司法制度改革審議会意見書が平成13年に出され，平成15年から16年にかけて，相次いで司法改革関連法が成立し司法制度改革が具体化変わり始めた時期，私は日弁連事務総長として日弁連の会務に奔走し，その時期，藤井篤弁護士は事務次長として会長，副会長や私を支えてくれていました。

　平成17年6月に事務次長を退任した後，藤井さんは，都市型公設事務所の所長に就任し，爾来8年間，若手弁護士を育成し，弁護士が少ない地域に，ひまわり基金法律事務所の所長や法テラス法律事務所のスタッフ弁護士として赴任する弁護士を送り出してきたということです。

　この度，藤井さんから，若い弁護士たちの参考となるように，弁護士の実務の実情を踏まえた図書をシリーズで出版したいとの話をお聞きしました。

　法科大学院の創設に伴い，平成19年に新司法試験制度による弁護士が生まれ，今日では毎年1,400人を超える新人弁護士が誕生しています。こうした若い弁護士が，活躍の場を得て，弁護士としての資質を高め，広く国民の期待に応える弁護士としての職務を行うようになっていくことは，私たち弁護士全体にとって喫緊の課題となっています。

　藤井さんの著作は，若い弁護士が自ら弁護士としてのスキルを磨いていくための教材となるよう，一石を投ずる試みであり，日弁連会長としての公式の立場ではなく先輩弁護士の一人として，ささやかなエールを送ります。

平成25年7月

日本弁護士連合会
会長　山岸　憲司

は し が き

　平成9年，私は弁護士19年目にして初めて，本格的に弁護士会の仕事をするようになりました。第二東京弁護士会の弁護士事務局長に就任したのを皮切りに，司法制度改革審議会の発足後は日弁連の司法改革担当嘱託となり，平成17年6月に日弁連事務次長を退任するまでの8年余りの間，弁護士会の事務局体制の確立や業務方法の定式化，司法制度改革審議会の議論への対応，弁護士制度の改革など，得難い経験をしました。それらが一段落した平成17年9月，第二東京弁護士会が設立した都市型公設事務所（弁護士法人東京フロンティア基金法律事務所）の所長を引き受け，司法制度改革の理念となっている「市民が全国どこでも誰でも良質な法的サービスを受けることのできる社会」に少しでも近付けたいと考え，爾来8年ほど若手弁護士の育成と弁護士過疎地域といわれる地域へ弁護士を送り出す仕事をしてきました。

　若い弁護士たちは，2年ほどの養成期間にオンザジョブの方式で弁護士の仕事を自分でやりながら，弁護士としてのスキルを磨き全国各地へと巣立っていきます。こうした若い弁護士に，どのようにして弁護士としての精神や仕事のノウハウを伝えていけばよいのか，私なりに腐心してきました。

　弁護士の仕事のやり方については，例えば，司法研修所の教官たちが作成した「民事弁護の手引」があります。また，仕事の分野ごとに書式集やハウツーものと言われる書籍もたくさん作られてきています。書式集や分野別の手引書などは，私自身よく利用させてもらっていますし，弁護士として仕事をしていく上で不可欠，必須のものとなっています。

　他方で，若い弁護士たちが，法律相談を受け，事件を受任し，事件活動を進めていく姿を見ていると，ハウツーものの書籍などにほとんど書かれていないこと，経験のある弁護士にとって当たり前のことがなかなか分からないという場面に遭遇します。そうした姿を見るにつけ，私自身も30年前にそんなことで壁にぶち当たったということを思い出したりします。自分自身の若いころの体験は，経験や技術に実質化されているものもあれば，忘れてしまっているものもあります。今日では，委任契約の書面を交わすことや適正・妥当な額の弁護

士報酬を提示すること，利益相反の関係をきちんと整理することなど，昔のままの弁護士の業務スタイルでは通用しない点がいくつもあります。さらに，全国各地のひまわり基金法律事務所に所長として赴任して行く弁護士を送るたびに，若い弁護士が独立して事務所を設け，その経営をしようとするとき，どういう配慮や工夫が必要になるのかといったことを整理して伝えたいとも考えてきました。

今回，日本加除出版のご厚意により，私が若い弁護士向けに作ってきた教材を整理・補充し，「弁護士の仕事術」というシリーズものとして出版することになりました。「法律相談マニュアル」，「事件の受任と処理の基本」，「依頼者との契約と弁護士報酬」，「交渉事件の進め方・和解」，「不動産事件　処理の基本」，「建築関係事件　処理の基本」，「法律事務所運営のポイント」などを企画しています。法律実務の第一線に立つ者として，その経験を凝縮して，実務家の精神とノウハウをお伝えしようとする試みです。

本書は，弁護士としての第一歩を踏み出し，これから弁護士としてのスキルを磨いていこうとする人，独立して法律事務所を構えようとする人などを主な読者として考えています。同時に，本書は，法律相談に関わろうとする認定司法書士や行政書士，消費生活相談員などの方々にとっても参考となるものと考えています。

本書が法律実務を担う方々に広く活用していただけるなら望外の幸せです。

平成25年7月

弁護士　藤井　篤

弁護士の仕事術Ⅰ
法律相談マニュアル

はじめに ─────────────────────────────1

第1 法律相談とは何か，相談者は何を求めて法律相談に来るのかを理解する ─────────5

1 法律相談とは ……………………………………………………5
2 法律問題を解決することを目的としていること ……………7
(1) 生の事実から法律問題をつかみ取ること　8
(2) 依頼者の求めることを法律問題として整理し，その解決に向けた手立てを検討し，アドバイスをすること　10
(3) 法律問題ではない人間関係，人の感情や性癖，宗教上の信仰，精神疾患などを法律上の手段で解決することは，ほとんどの場合できないこと　17

3 弁護士の専門的な知見に基づく判断や問題解決への対応の在り方についてのアドバイスを受けるのが目的 ……………23
(1) 弁護士の専門的な知見に基づく事案の整理　23
(2) 弁護士の専門的な知見に基づく判断　30
(3) 相談者がその事案について今後どのように対応するべきかの判断　36

4 相談者の期待する内容，タイプによる対応の仕方 …………38
(1) 相談者の期待する内容とそれに応じた対応　38
(2) 最初から弁護士に事件を依頼しようと考えて相談に来た人　39
(3) 弁護士の意見を聞いた上で方針・費用などが折り合えば弁護士に依頼しようと考えて来る人　44
(4) 弁護士の意見を聞いて自分で処理しようとしている人　47
(5) 弁護士の意見を聞きたいだけの人　49

第2 法律相談の進め方 ─────────────────53

はじめに ………………………………………………………………53
1 相談者が相談しようとする内容の把握 ………………………54
(1) 法律相談を受ける場合の全体としてのイメージをつかむ　54

(2)　相談者が相談したいこと，法律相談から得たいことの概要をまず
　　把握する　*56*
　(3)　どうやって相談に入っていくか　*59*

2　法律相談における事実関係の整理，法律問題の抽出 …………………… 65
　(1)　聞くべきことを聞き，聞くべきでないことを聞かない　*65*
　(2)　どの程度の時間をかけて相談者の言い分を聞くか　*66*
　(3)　事実関係の整理と論点の抽出　*72*

3　相談者が相談をする目的に応じた対応（法律的な判断の開示や説明）
　……………………………………………………………………………………… 74
　(1)　訴訟の被告，調停の相手方とされた場合の対応　*75*
　(2)　弁護士から相談者への判断の提供　*80*
　(3)　相談者が相談開始前から事件受任を希望している場合の対応　*82*
　(4)　その事案にどのように対処してよいか分からない相談者への対応　*85*

4　事案の緊急性や手続に必要な期限などに応じた説明をする ………… 90
　(1)　時間的に切迫した事案かどうかを判断する　*90*
　(2)　期限などの制限があり，早急に対応すべき案件については，いつ
　　までに，何をする必要があるのかを説明する　*96*

5　間違った法律的判断による説明をしない ……………………………………… 99
　(1)　法律についての無知・誤解は弁解の余地がない（損害賠償責任と
　　懲戒処分）　*99*
　(2)　事案について法律的な判断を加える場合の判断や法律の解釈を誤
　　らないように気をつける　*103*

第3　法律相談をするに当たっての工夫と留意事項 ──────107

1　相談者との信頼関係を築く工夫 ……………………………………………… 107
　(1)　ある程度気さくな雰囲気（相談者が聞きたいことを聞き，言いた
　　いことを言える条件）作り　*107*
　(2)　弁護士の見識を示すこと　*108*
　(3)　相談者が弁護士の姿勢から公正さを感じること　*110*
　(4)　相談者が聞きたいこと，知りたいことをくみ取ってもらえたと思
　　うこと　*111*
　(5)　秘密の保持などについて安心して話ができること　*113*

2　本人と本人以外の区別と対応 …………………………………………………… 119
　(1)　本人でなく，親族，友人が相談に来ているとき　*119*
　(2)　相談者が他人の抱える法律問題の相談に来る場合　*122*
　(3)　本人と親族，友人が一緒に相談に来ているとき　*125*

3 事実関係を整理して理解するためのメモや図式の活用 …………… 127
　(1) 法律相談を受けながらメモを作成する　*127*
　(2) 相談者がメモを取る場合　*131*

4 明快な説明，繰り返しの説明 …………………………………………… 132
　(1) 個々の相談者に応じた説明　*132*
　(2) 分かりやすい説明　*132*
　(3) 弁護士が相談者の判断と異なる判断をする場合の説明　*135*

5 弁護士の（鑑定）意見書や弁護士名のメモの作成・交付 ………… 139
　(1) 相談者が対応するべき差し迫った状況にあって弁護士が関与した
　　 方がよい場合　*139*
　(2) 弁護士名の意見書などを作成した方がよい場合　*139*

6 事理をわきまえた即時の判断と対応 …………………………………… 142
　(1) 相談者が不正行為を正当化する場合など　*142*
　(2) 裁判所の判断とはかけ離れた相談者の判断　*147*
　(3) その事案についての方針のまとめ　*150*

7 相談記録の作成と保存 …………………………………………………… 155
　(1) 相談カードの記載と保存　*155*
　(2) 記録保存の意義，保存期間　*156*

8 継続相談，事件受任につなげる工夫 …………………………………… 159
　(1) 弁護士が事件を受任した方がよい案件　*159*
　(2) 弁護士が事件を受任した方がよいと思われる場合の対応　*161*

資　料（相談カード）……………………………………………………………… 164
索　引 ………………………………………………………………………………… 169

はじめに

1　対　象

　このマニュアルは，当初は，主として弁護士登録後5年くらいまでの弁護士を対象として作られた。過疎地の公設事務所（ひまわり基金法律事務所）や法テラスの常勤スタッフとして赴任するため，オンザジョブの研修を受けている弁護士を念頭に置いたものだった。

　筆者が都市型公設事務所の所長になった以降受けた法律相談は，8年間弱の期間で2,500件に上る。法律相談センターでの法律相談，法テラスの法律相談，顧問先からの法律相談，旧来の依頼者やその知人からの法律相談など相談の契機も様々である。そうした中で，一般の法律相談の典型となるのは，その相談者と初めて会う機会に受ける「初回市民法律相談」であろう。初対面の人から何を聞き，弁護士がそれにどう答えるのかは，経験年数の浅い弁護士にとって，最初の大きな関門となる。「初回市民法律相談」を受ける弁護士は，どのように相談を受けたらよいのか，という問題意識から法律相談マニュアルを作ってみた。

　今回，出版に当たり，弁護士として相当年数の経験を有する人，弁護士以外の法曹関係者，法科大学院の院生，法律相談の業務を行う消費者センターの職員，その他一般の読者も想定し，なるべく分かりやすいものとなるように改めた。弁護士が受ける法律相談とはどういう相談か，その相談をどのように受け止め，どのような回答・説明をしたらよいのか，相談を受けた後，相談者自身や弁護士はどのように問題解決に当たっていけばよいのか，などを説明している。弁護士でない読者にも参考になると思う。

2 目 的

　法律相談は，弁護士が事件活動（法律事務）をする多くの場合，そのきっかけとなる。

　弁護士が事件を受任し事件活動を行う場合，刑事の国選弁護事件や官公署からの委嘱によるものを別にすれば，大多数の事件活動は，法律相談から始まる。その意味で，法律相談は，弁護士の事件活動の端緒となる。事件活動は，法律相談の段階で既に始まっているといってよい。このマニュアルは，法律相談から事件の受任に向かう場合，弁護士がどのような点に留意すべきであるのかについて，様々な事例を挙げて説明している。

　しかし，法律相談を受けるケースの多くは，弁護士がその事案を法律的な観点から整理し，その事案において相談者がどのように対応すべきかについての説明をすれば，相談者が自ら対応し，問題解決に当たることが可能である。今日，相談者自身による問題解決への対応についてのアドバイスをするという法律相談の役割・機能は，ますます重要になってきている。

　弁護士登録をして間もない弁護士は，先輩弁護士の仕事を見よう見まねで覚え，自分なりのスタイルを創っていくというのが，これまで多く行われてきた弁護士の業務習得のスタイルだった。司法修習の期間が2年間あり，その後イソ弁として3年間くらい修行する中で自分なりの業務スタイルを創っていけばよい時代には，それで良かったのかもしれない。今日では，新司法試験に合格した司法修習生の修習期間は1年間となり，短縮されている。新司法試験合格者の実務修習は各クールが2か月程度であり，その間に事件の流れを追いながら実務を体験することは困難になっている。また，弁護士業務の専門化の進展に伴い，登録後の業務が最初から特定の専門領域に限定され，一般民事事件の法律相談を経験することがほとんど無いという人も多くなってきている。

　本書は，このような時代にあって，弁護士の職務の基本となる法律相談を総合的に捉え直し，弁護士としての基本的な技能の習得に役立つものをマニュアル化したものである。それとともに，（将来）法律実務に携わろうとする人，様々な相談を受ける立場の人にとっても参考になるよう整理した。

　マニュアルとはいえ，主として一般民事事件を対象としつつ法律相談の全般

にわたるものであるため，理念的，抽象的な表現が多く用いられている。それを補うため，なるべく事例を多く取り上げるようにした。

3　法律相談の大切さ

　このマニュアルは，有料法律相談（初回市民法律相談）を念頭において作成されている。

　法律相談の中身は，実に様々である。医療に例えるなら，急性疾患も慢性疾患もある。重症のものも軽症のものもある。病気と言えないものすらある。すぐに手当をしなければ手遅れになるものも，当面は静観してかまわないものもある。これらを30分間の相談の中で見分け，当面の処方箋を示さなければならない。

　ただ1回の法律相談の結果により，その紛争が終息に向かい相談者の権利や正当な利益が守られることもあるし，逆に，紛争が拡大したり，相談者の権利行使が（事実上）できなくなってしまうこともある。

　相談者は，30分間5,250円の相談料を払い，弁護士のアドバイスを求めて相談に来ている。その多くは，弁護士に初めて相談する人たちである。その求めに的確に対応することは，ベテランの弁護士にとっても生やさしいことではない。

　法律相談を受けるに当たっては，1回，30分間の相談の中で，弁護士が何をつかみ，その事案の解決に向けどのような方針を立て，何を相談者に伝えるのかを判断し，的確にそれを伝えなければならない。その場限りの相談で終了し，その後は相談者のみが対応することになっても，重大な結果を惹起することのないように，相談を完結させることも大切である。

　本書では，法律相談がどのような形で行われ，それにどのように対応するのかを，読者の参考になるように，できるだけ具体的に提起したつもりである。

第1 法律相談とは何か，相談者は何を求めて法律相談に来るのかを理解する

1 法律相談とは

　法律相談は，相談者（依頼者）が法律問題を解決するために，弁護士の専門的な知見に基づく判断や問題解決への対応の在り方についてのアドバイスを求めるものである。

　具体的な事件についての相談だけでなく，（具体的な事件に多少関係するが）法律（実体法，手続法）上の制度がどのようになっているかという相談がされることもある。

　弁護士は，法律相談において，専門的な知見に基づき，事案の内容を整理しつつ法律的な判断をし，必要に応じ，事案の整理及び法律的な判断の内容，関連する法律手続又は法律制度，その案件について取るべき措置，その案件の将来的な見通しその他の事項について説明をし，助言をする。

　法律相談は，相談者が弁護士に事件（法律事務）を依頼し，弁護士がその事件（法律事務）についての依頼（委嘱）を受けて受任し，その事件（法律事務）に関する職務活動を開始することの端緒にもなる。

検討 1-1　初回市民法律相談とは

　日弁連の旧「報酬等基準規程」（平成7年会規第38号）には，「一般法律相談」と区別して「初回市民法律相談」についての定め（第11条）があった。この規程は，平成16年4月1日に「弁護士の報酬に関する規程」（平成16年会規第68号）が施行されたのに伴い，廃止された。

　現在は，各弁護士が「弁護士報酬に関する基準」（日弁連「弁護士の報酬に

関する規程」第3条第1項）を作成し，その法律事務所に備え置くべきこととされている。各弁護士が法律事務所に備え置く「弁護士報酬基準」において，日弁連旧規程の内容を踏襲して，「初回市民法律相談」と相談料の金額が定められている例がある。

　弁護士報酬に関する日弁連の旧規程では，「初回市民法律相談」とは，「事件単位で個人から受ける初めての法律相談であって，事業に関する相談を除く」ものとされ，旧「報酬等基準規程」では，「30分ごとに5,000円から1万円の範囲内の一定額」とされていた。弁護士が受ける法律相談の内，「初回市民法律相談」は，初回の法律相談であることとともに，事業活動に関する法律相談は除かれていた。

　これに対し，日弁連の旧「報酬等基準規程」では，初回市民法律相談を除く「一般法律相談」の相談料は，「30分ごとに5,000円以上2万5,000円以下」とされていた。

　弁護士会の法律相談センターの法律相談では，市民が弁護士に法律相談をしやすいように，「30分5,250円」など低めの「定額」とされていた。法律相談センターでは，初回の法律相談に限らず2回目以降の法律相談も同額であり，事業に関する法律相談も含め，初回市民法律相談と同様の扱いとしたものである。

　東京の三弁護士会の法律相談センターなどでは，平成18年9月1日以降，クレサラ法律相談は，相談料なし（無料）の扱いとなっている。

　最近では，各法律事務所において，法律相談を受けることをインターネットなどで広告し，30分当たり5,250円よりも低額の料金で法律相談を受ける例，初回に限り無料とする例が見られる。

検討 1-2 「法律相談」と「協議を受けて」（弁護士法第25条）の関係

　弁護士法は，第74条（非弁護士の虚偽表示等の禁止）第2項に，弁護士又は弁護士法人でない者が，利益を得る目的で，「法律相談その他法律事務を取り扱う旨の標示又は記載」をすることを禁ずる規定を置き，「法律相談」という言葉を使用している。

　※　弁護士法第74条の規定に違反した者は，100万円以下の罰金に処するとされている（弁護士法第77条の2）。

（認定）司法書士が有料で法律相談を受ける場合や，自治体などの各種相談員が（利益を得る目的がなく）無料で法律相談を受ける場合は弁護士法第74条の規定は適用されない。

弁護士法第25条は，弁護士が「職務を行い得ない事件」の類型を掲げ，「相手方の協議を受けて賛助し，又はその依頼を承諾した事件」について弁護士がその職務を行うことを禁じている（弁護士法第25条第1号）。

「協議を受けて」とは，「当該具体的事件の内容について，法律的な解釈や解決を求める相談（法律相談）を受けることをいう。」と解説されている（日本弁護士連合会調査室「条解弁護士法第4版」191頁）。「賛助」するとは，「協議を受けた当該具体的事件について，相談者が希望する一定の結論（ないし利益）を擁護するための具体的見解を示したり，法律的手段を教示し，あるいは助言することをいう。」と解説されている（同前191頁）。

法律相談であっても，具体的な事件についての相談を受け，これに対応して法律的な判断を示したり事案を解決するためのアドバイスをしたときは，「協議を受けて賛助し」たものと評価される場合がある。その場合，その案件については，相手方から事件を受任し職務を行ってはいけないとされている。弁護士法第25条第1号に該当するケースでは，「依頼者が同意した場合」（弁護士法第25条本文，第3号，第9号）であっても「職務を行ってはならない」という禁止が解かれることにならないので，注意する必要がある。

ある事件を受任している場合，その相手方から他の法律相談を受けて賛助することも，弁護士法第25条第3号の規定により，禁止される「職務を行う」ことと評価される場合がある。

2　法律問題を解決することを目的としていること

法律相談は，相談者（依頼者）が法律問題を解決するためにするものである。

法律相談を受ける弁護士は，生の事実の中から法律問題を抽出して整理し，解決の方向を示すことが期待されている。

法律問題でない人間関係，感情，宗教上の信仰，精神の病からくる妄想などを法律問題として解決することはできない。

法律相談，法的手続による問題解決の限界をわきまえること。

(1) 生の事実から法律問題をつかみ取ること

相談者が訴える生の事実の中で，何がその事案の法律問題であるのかをつかみ取ること。

ア　生の事実から法律問題を整理する

法律相談を受ける場合，相談者（依頼者）が生の事実について何を求めているのかを把握し，それを法律問題として整理し，その解決に向けたアドバイスをすることが求められる。

検討 2-1　他人から暴力を振るわれた場合

他人から「暴力」を振るわれたという事案は，暴力（暴行）を受けたという事実の結果から出発する。

被害の回復という点から見れば，（不法行為による）損害賠償請求という法律問題となる。

被害者が求めるものが「加害者からの謝罪」である場合もあるし，刑事事件としての「処罰」である場合もあるし，「再発の防止」という将来に向けた課題である場合もある。

暴力を離婚原因として「離婚」を求めるのであれば，離婚請求又は離婚に伴う慰藉料請求という法律問題になることもある。

相談者が生の事実について何を求めているのかを把握した上で，法律問題として整理し，その解決に向けたアドバイスをすること。

イ　相談者の語る事実からそのまま法律問題を整理できない場合もある

多くの相談者は，その事案において自分が求めていることの要点を認識して法律相談の場に臨んでいるので，弁護士は，相談者の求めることを踏まえ，事案の内容を聞きながら法律問題としての整理をしていく。

しかし，相談者（依頼者）の中には，自分が求めていることを明白に認識

しておらず，様々な事実をとりとめなく話す人がいる。また，相談者が求めることと，その原因となる事実との間にずれがあって，相談者の語る事実からそのまま法律問題の整理をすることができない場合もある。

相談者の話す内容が抽象的で，具体的な法律判断を提供することができないこともある。

> **検討 2-2** 相談者の相談内容が抽象的で一般論の説明しかできなかったケース

（法律相談センターの相談で，相談カードに年齢，職業，自宅の電話番号の記載もない年配の女性からの相談の例）

相談者は，不動産の競売と競売開始決定がされた物件を任意売却することの違いを知りたくて相談に訪れた。話の内容が抽象的であり，資料を何も持参しなかったため，40分間を費やしたが一般論としての説明しかできなかった。

相談者の話は要領を得ず，かなり時間を割いて聞いた結果，おおよそ次のような内容だった。

相談者（？）は親戚の者に3,000万円を貸し，その連帯保証人（やはり親戚？）の（所有する？）物件に担保を設定した。その物件が競売の対象となり，価額の評価がされた。他の親戚の者が集まり，農協（その物件の担保権者，競売申立人か？）にお金を払い，競売を取り下げて貰おうという話になってきている。競売と任意売却の違いがどういうことなのかを知りたい。また，2,500万円の評価の物件をそれより低い金額の支払により担保抹消できるか……というのが相談の内容。

相談者から話を聞きながら，相談者がお金を貸し，その担保物件が（農協の申立てにより）競売にかけられ競落されるとした場合，貸金を（一部でも）回収することができるかどうか，担保を保全することができるかどうかの問題であろうかと考えた。いくつかの質問をしたが，トンチンカンな回答であり，そうではないようだった。

次に，親戚の所有する物件の競売の手続を止めるため，農協に競売を取り下げてもらうための条件や他の担保権者の同意の問題で知りたいことがある

のかと考えその内容を説明しかったが、そうでもないようだった。

さらに、親戚の者の所有する物件が競売で第三者の手に渡ることを任意売却の方法で回避することが可能であるのかどうかを知りたいのであろうかと考え、担保権者の同意を得て任意売却する場合のことを説明しかったが、そのことを知りたいのでもないようだった。

「（この事実関係の中で）どういう点をご相談になりたいのですか。」と尋ねたが、あまり言いたくないという風情で、回答がなかった。

結局、競売物件について任意売買をする場合の一般的なやり方と担保抹消の方法、任意弁済により競売を取り下げてもらう場合の留意点を一般論として説明し、相談を終了した。

この相談は、相談者自身の債権、担保権、所有物件についての相談ではなく、身近な誰かの法律問題を自分の問題と称して法律相談に訪れたのではないかと推測された。

(2) 依頼者の求めることを法律問題として整理し、その解決に向けた手立てを検討し、アドバイスをすること

ア　法律問題としての整理の仕方

具体的な事案を法律問題として整理する場合、考えられる法律上の権利義務を相手方との関係で整理しつつ、時系列で見るとき法律関係は変化してきているのかどうか、相談者がその事案をどうしたいと考えているのか、解決のための方策や手続はどのようなものかを考えつつ整理していく。

ある事案を法律問題として整理する仕方は、普通は、何通りもある。どういう整理の仕方をするのかについて、弁護士としての力量が問われる。

検討 2-3　「詐欺」という整理の仕方

資金を出資したり貸し付けたのに返してくれない（配当金が支払われない）という事実があったときに、初心者である弁護士は、それを相手方から依頼者（相談者）に対する詐欺として捉えることが多い。

確かに、ある人から他人へお金が動く場合に、多少なりとも誇張した話が

され，資金の拠出を受ける人（相手方）について実際以上に信用させるための話がされることは多くある。その程度が通常の金銭貸借や出資，取引における場合よりも著しいと感じられる場合に，理屈で覚えた「詐欺」（民事，刑事）という概念を使って事案を整理すると楽に整理できてしまう。

しかし，実務上，詐欺罪（刑法第246条）の告訴や，詐欺を理由とする法律行為の取消し（民法第96条），不法行為である詐欺を理由とした損害賠償請求（民法第709条）は，（裁判所などに）その事実を詐欺として認めてもらうためのハードルが相当に高い。

また，詐欺（民事，刑事）が成立する場合には，相手方（加害者）の資力が無いことが多い（資力が十分にあれば詐欺は成立しにくい。）ため，詐欺の主張がようやく認められても，損害の回復（出資金の返還や貸金の返還，損害賠償請求）には役立たないことが多い。

相談者（依頼者）の話に引きずられて，無理筋で「詐欺」の法律構成をしてしまうと，実際に手続を進める段階になって，もがいてもはい上がれない「あり地獄」に落ち込んでしまうことがある。

検討 2-4　リフォーム詐欺など

（検討2-3とは逆に）相手方の行為が詐欺行為に該当することを正面に掲げ，法律相談に対応した方がよい場合がある。いわゆるリフォーム詐欺やマルチ商法，投資詐欺に該当するような事案については，端的に「詐欺」の法律構成をし，対応するべきケースが少なくない。

次の例は，工事業者が60歳代の女性の自宅を訪問し，建物のコンクリート基礎の補強工事と白蟻消毒の工事をした方がよいと持ちかけ，約230万円の契約をさせ，その1週間後，さらに床下防湿工事を約100万円で契約させたケースだった。工事は，多少行われていた。

代金（330万円）はまだ支払っておらず，工事途中の時期に同居している息子に相談し，消費者センターを経由して法律相談に訪れた。相談者は，工事業者が自宅に来ることを恐れ，自宅から外へ避難する状況にあった。

事情を聞いた段階で直ちに対応する必要があると判断し，その場で，弁護士から通知を発すること，代金の支払をしないようにすることを話し，弁護士名の通知をする費用として2万円を受領し，同日，会社あてに通知をした。

それから約1か月後会社の代理人から書面（見積書）が送られてきたので，回答をした。

その後，業者からも弁護士からも連絡のない状態が続いた。

―（最初の手紙）――――――――――――――――――――――――
　　　　株式会社A　代表取締役　殿
　　　　　　　　　　　　　　　X1，X2　代理人弁護士　○○
　冠省　当職は，東京都○○区○○×－××－×　X1及びX2の代理人としてこの書面をお送りします。
　　X1は，X2名義により，貴社との間で，平成20年○月○日，コンクリート補強工事及び白蟻消毒の工事を代金227万2,200円で，また，平成20年△月△日，床下防湿工事を代金100万8,000円で行うことを内容とする契約を締結しましたが，この二つの契約につき，この書面により，貴社担当者による詐欺を理由として取り消し，その旨通知いたします。したがって，今後前記住居に立ち入ることの無いよう，あわせて通告いたします。
　　本件については，当職が一切を受任しましたので，X本人に対する連絡をしないようにし，連絡等は全て当職あてにされるよう要請します。
　　用件のみ　　　　　　　　　　　　　　　　　　　　　　　　敬白

―（第2の手紙）――――――――――――――――――――――――
　　　　株式会社A代理人B　先生
　　　　　　　　　　　　　　　X1，X2　代理人弁護士　○○
　前略　当職からA（以下「会社」という。）にあてた平成20年○月○日付書面に対し，先生から同年□月□日付の書面と工事の施工状況に関する書面が送られ，これを受領しました。同書面によれば227万2,000円を請求する旨の記載がされていますが，当職からの書面に記載したとおり，Xと会社との間の契約については，詐欺を理由として取り消しており，キャンセルしたのではありません。
　　工事の内容について，当方の業者に見積もり及び施工状況の評価を依頼したところ，例えば「白蟻消毒」については，20坪まで75,600円とさ

れており，契約書記載の228,000円の3分の1以下とされています。また，コンクリート補強工事については，工事単価が極めて高いことのほか，Xが希望した外部基礎の補修もなされておらず，換気扇が取り外されたままの状態であり，このような工事を行う必要があったとは考えられないものとなっています。

　当職は，この書面において，「白蟻消毒」について75,600円と算定し，その他の工事によりXが得た利益を約12万円と算定し，合計20万円についての利得があったものとして，会社あてに支払う用意のあることをお伝えするとともに，それ以上の請求をされるのであれば，会社において訴訟ないし調停の手続をとるべきことをお伝えし，回答といたします。

用件のみ　　　　　　　　　　　　　　　　　　　　　　　　　　草々

(その後の経過)

　その後，1年近く過ぎて，A社の代理人である別のC弁護士が連絡をしてきた。交渉事件として事件を受任し，「白蟻消毒」の工事は行われていたことなどを考慮し，合意書を交わし20万円を支払い，事件処理を終了した。

検討 2-5　権利濫用，信義則違反，行政法規違反など

　事案を整理する場合に，権利濫用や信義則違反（民法第1条）などの一般条項，詐害行為取消権（同法第424条），（要素の錯誤による）錯誤無効（同法第95条），（通謀）虚偽表示（同法第94条第1項）など，実務上その主張をしても容易に認められない法律構成をして法律問題の整理をしてしまうと，「詐欺」の法律構成をした場合と同様，その事件を受任した後に大変な苦労をすることが多い。

　また，相手方の行為が行政法規（行政手続に関する法令など）に適合しない（違反する）ことが直ちに当事者の権利関係に影響を与えるとは言えず，相談者の受けた権利侵害の法律要件を基礎付ける事実とはならない場合がある。民事法上の法律問題と行政法上の法律問題を区別して整理し，不法行為などの法律要件を充足する事実があるかどうかを検討していかないと，民事法上の権利の主張をする場面で，大きな壁にぶつかってしまう場合もある。

イ 法律問題としての整理は、その問題を解決するための手立て、費用・手間の問題と直結していること

　実務的な観点から、ある形で法律問題の整理をする場合、それを解決するための法的手続がどうなるのか、その手続に要する手間や費用はどうなるのかを知った上で法律問題の整理をすることが大切。

　保全処分を行った上で本案訴訟を提起するというように、幾つかの手続を順次又は同時に行うときは、弁護士に依頼する場合の弁護士の手間も多くかかり、弁護士報酬も相当額が必要となる。

　法律相談を受けたとき、弁護士は、その事案の解決を図るための法的な手続の内容、費用の額、手続に要する時間などを踏まえ、解決に向けた手立てを考え、相談者にアドバイスをする。

検討 2-6　費用・手間と期待される効果

　法律問題の解決に向けた手立てを説明する場合、弁護士は、その手立てを講ずるのに必要な費用や手間がどの程度かかるか、そうした手立てを講じた場合にどの程度の効果が得られると予想されるのかを念頭に置いて説明する必要がある。

（貸金請求の例）

　ある女性Aが近所の知人の女性Bに対し、Bの娘Cの美容院の営業資金として、10数回にわたり計650万円を貸し渡し、その都度「借用証書」を受け取っているが、3年を経過して50万円しか返してもらっておらず、弁済期が到来しているのに600万円が返済されていない、借主Bは借家に一人住まい、定職もないという場合、相談を受けてどのような方針を立てるか。

　このケースで、一般論として、債務者Bの預貯金の口座を探し、貸金債権を被保全債権として仮差押えをし、同時に、貸金返還請求の訴訟を提起するという方針を立てることは容易だが、本人訴訟、本人申立てによりこれらの手続を行うことは困難である。弁護士が事件を受任し、債権の仮差押え、本案訴訟を提起した場合に、訴訟費用と弁護士費用にいくらかかるか、どれだけの成果が上げられるかを弁護士が検討・判断して対応する必要がある。

　終了時に本人にとって良かったと感じられるだけの成果を上げることがで

きるかどうかの見通しを持って，対応策を説明する。

　相手方（債務者）に定職が無く，大した収入もなく，借家住まいであるようなケースでは，預金の仮差押えの手続をしても結果として預金を押さえることは難しい。また，本案訴訟を提起し勝訴の確定判決を得ても，預金などを差し押さえて貸金債権を回収することは，あまり期待できない。相手方Ｂに資力が無い場合には，判決を得ても貸金の回収を実質的に図るのが難しいことを説明する必要がある。

　この相談例では，実際に事件を受任し，訴訟を提起し，相手方本人Ｂに対する勝訴判決を得たが，貸金の回収をすることはできなかった。現実に回収することが困難であることを受任の段階で丁寧に説明していたこと，相手方Ｂとのつきあいを清算することも考えた訴訟であったことから，依頼者は結果については納得していたが，貸金を現実に回収するという目的を達することはできなかった。

....

ウ　弁護士は心理カウンセラーにはなれないし，弁護士の法律相談とカウンセラーとしての業務とは相容れない部分もあること

　弁護士が精神科医療における心理療法士や心理カウンセラーの役割を果たすことができるなら，そのような役割を果たしたいと考える弁護士もいる。

　確かに，弁護士が法律相談や受任した事件活動の中で心理カウンセラーのような役割を果たす場合もある。弁護士は業務の中で依頼者の権利・正当な利益の実現・確保を図る活動をするので，その過程で，依頼者の精神的な面へのフォローが重要な意味を持つ場合がある。弁護士のフォローによって依頼者が精神的な安定を取り戻すことも珍しくない。

　しかし，弁護士の業務における「社会秩序の維持」（弁護士法第1条第2項）という視点つまり法を具体的な場面で発現させるという弁護士の役割の視点からは，厳正に法律の定める内容を遵守する必要のある場合に，法律の定める手続を無視したり法律上の効果を否定しようとする相談者（依頼者）と鋭く対立せざるを得ないことがある。その場合には，弁護士は，心理カウンセラーの立場と全く異質の存在となる。弁護士が心理カウンセラー的な役割を果たすことに拘泥すると，弁護士としての役割，職責を果たせない場合のあ

ることを認識してかかる必要がある。

　心理カウンセラーに弁護士の業務を行わせることが適当でないように，弁護士がカウンセラーの業務を行うことも適当ではない。

検討 2-7　結果として，心理カウンセラーの役割を果たすこともある
（40歳女性の相談の例）

　相談者は，（最近）友人から飲み物をコップでもらい，飲んだ後，コップを洗わずに返してしまった。相談者はＢ型肝炎のキャリアであり，この友人に対しコップを洗って返すべきなのに，コップの中に少量残った飲み物を捨て，そのまま返してしまった。その友人がそのままコップを使ってＢ型肝炎にかかってしまった場合，傷害罪になるのか，また，損害賠償の責任を負うことになるか…というのが相談の趣旨。

　相談者は，結婚していた当時，夫からＢ型肝炎を移され，キャリア（保菌者）となってしまった。まだ，発症していない。この夫とは離婚し，病気を移されたことについて損害賠償の請求をしようと思ったが，医師から，もともとあなたがＢ型肝炎のキャリアであった可能性もあると言われ請求を断念した経緯がある。

　相談者は，自分がうつ病となってしまい，人と接することに恐怖感があり，自分は生きていても意味のない人間ではないかという思いを強く持っている。友人に，自分がＢ型肝炎のキャリアであること，コップを洗わずに返したことを話すべきかどうか悩んでいる，との説明もあった。極めて自罰的で，うつ状態にあることが，外見上も見て取れた。

　弁護士からは，相談者から友人に相談者がＢ型肝炎のキャリアであることを説明する必要など全くないことを説明した。私（弁護士）は医師ではないが，コップを洗わずに返し，Ｂ型肝炎が移される可能性は，ゼロではないとしても100万分の１の確率もないのではないか。万々が一，友人がＢ型肝炎に感染することがあり得たとしても，あなたには人を傷つける意思（傷害罪の故意）があったわけではないし，損害賠償の責任が生じるようなこともない。人間は生きている限り，気付かない内に，自分から他人へ迷惑をかけていることもあるし，他人から迷惑をかけられることもある。暴力を振るって相手

方を傷つけるような場合は別として，コップを洗わないで返したことが犯罪になったり，損害賠償の責任が生じるようなことはない，等々の説明をした。

相談者は，弁護士の先生にこんな相談をするべきではないと思いますが，話を聞いていただき，とても気分が楽になりました，と明るい表情で帰っていった。相談時間は，20分間弱。

この相談は，法律相談の形で行われたが，内容は，ほとんど，精神科のカウンセリングに近いものとなった。

………………………………………………………

(3) 法律問題ではない人間関係，人の感情や性癖，宗教上の信仰，精神疾患などを法律上の手段で解決することは，ほとんどの場合できないこと

ア　法律問題ではない問題を法律で解決しようとする人

法律相談の形をとりながら，相手方への悪感情，人間関係の悩み，宗教上の信仰の問題を解決しようとする人がいる。また，精神の疾患から被害妄想や幻想を抱き，法律相談に来る人もいる。

法律相談に来る人には多かれ少なかれ，このような状況が見られることが少なくない。その程度が甚だしい場合や法律相談の主たる目的が法律問題でない人間関係などについてのものである場合には，注意して対応する。

イ　相手方への強い悪感情

法律相談の中で，通常の感覚からかけ離れた相手方への悪感情を示したりする相談者は，法律的な手続を利用して自分の感情を満足させることを目的としていることがあるので慎重に対応する必要がある。

………………………………………………………

検討 2-8　相手方への強い被害感情や憎悪

相談者（依頼者）が相手方に対して強い被害感情や憎悪を抱いている場合，それを法律問題としてとらえ，法的な手続によって解決しようとしても，被害感情などが解消されることはほとんどない。年月（時間）の経過や，法的なルールに則った事案の解決を図る中で，それに付随して，被害感情や憎悪が減少する（低下する）のが限度である。

相手方に対して強い被害感情や憎悪を抱いている相談者は，相手方の真摯な謝罪，契約関係や付き合い始める前の白紙の状態に戻すこと，など一見するともっともそうな組み立ての主張をすることもある。しかし，内容をよく聞いてみると，その事案では相手方が（真摯な）謝罪をすることなど到底無理な状況であったり，タイムマシンで過去に遡らない限り不可能な「白紙」の状態にすることを主張していたりする。

強い被害感情や憎悪，敵がい心を示す相談者（依頼者）に対して，それを解決する手段として法律問題の整理をすると，法的手続の中で完全な勝訴を得ること以上の「解決」を求めることになる。そのため，解決の目処の立たない法的な紛争状態に突入する結果となる。

こうした相談者には，法的手続によって被害感情が満たされることはないこと，相手方を懲らしめることはできないことを説明し，そうした目的で相手方との交渉や法的手続をするという事件依頼は受けられないことを，はっきり示す必要がある。

また，強い被害感情を解消するため，相手方に対し高額の（慰藉料などの）損害賠償請求をしたいと考える相談者には，そのケースでは慰藉料請求をしても裁判所などで認められる余地のないこと，相手方に強烈な打撃を与えようとする訴訟は紛争の解決にはつながらず，かえって紛争を深刻化させる効果しかないことを伝える。また，そのような方針では事件を受任しないし，事件受任後であっても事件処理でそういう方針をとらないことを明確に伝える。

検討 2-9　相手方から受ける憎悪など

（検討2-8とは逆に）相手方が相談者（依頼者）に強い憎悪や悪感情を抱いている場合，それを解消するために，刑法の条項に基づく告訴や「ストーカー行為等の規制等に関する法律」などを活用するという法律問題の整理をする場合がある。

しかし，これらは，相手方の具体的な行為の態様に応じたものであって，相手方の内心に直接働きかけるものでないことに注意する必要がある。相手方の具体的な行為の態様が法律的な規制の対象となる場合に，初めて発動することができるものであること，その手続を行うことによっても相手方の心

の内まで踏み込むことができないことを理解してかかるべきである。

　また，相手方の抱く憎悪から身を守るために，相手方のささいな非違行為をとらえて不法行為として損害賠償請求をしたり，名誉毀損として刑事告訴や損害賠償請求をしたいという相談がされることがある。防御のためこちらから法的手続を進め，その手続の中で全体の解決を図るという方法は，まれには効果的なこともあるが，それには，
① こちらからの請求の内容が穏当で妥当な範囲のものであること
② 法的手続の中で相手方と和解することができる材料や心構えがあること
③ 法的手続を進めることによって相手方の憎悪が一層激しさを増さないように慎重に手続を進めること
など，相当に高度な戦術を駆使しなければならない。

　一般的に言えば，「攻撃的防御」という手法をとることは，相手方の憎悪を一層募らせる結果を導くだけで，事案の解決には結びつかない。

ウ　人間関係や宗教上の信仰など

　宗教上の信仰など，法律的な手続で解決することのできない問題を法律相談の場に持ち込まれた場合には，法律相談という場の性格づけからくる制約があることをわきまえた対応をする。

検討 2-10　信仰など

　オウム真理教の信者や統一教会の信者を，法律を使って脱会させることはできない。

　宗教以外にも，「教育」や「精神修養」を標榜するカルトもあり，こうした集団が違法行為や社会的な規範から逸脱した行為に出るケースがある。こうした集団に属する人の家族などから，法律的な手法により本人を脱会させることができないかという相談を受けることがある。

　こうした集団から脱会することは，本人の自由意志による決断を待たなければならない。人身保護請求や訴訟などの手段を講じても，本人の意志が変わらなければ，脱会という効果は期待できない。法律問題として整理し，法

的手続に乗せていくという方法は，こうした問題にはほとんど役に立たないことを認識して（こうした法律相談に）対応する必要がある。

エ　被害妄想など

相談者が法律相談において訴える事実が被害妄想によるものであることがある。目つきや話し方，態度から一見して分かる場合もあるが，しばらく話を進めるうちに，到底あり得ないと思われる「被害」の事実が語られ，被害妄想であるとしか考えられないことがある。また，脈絡のない「被害」の事実が次々に語られ，被害妄想と判断することもある。

このような相談者は，既に，他の弁護士や警察，様々な無料相談会などで相談をしているケースも多く，「被害の事実」や相手方の状況について，さもありなんと思わせる話をすることが少なくない。相談者の話の内容だけから，そのような「被害の事実」，「加害者の行為」自体があり得ない，と断定することは極めて難しい。

一見して精神疾患を患っており被害妄想などから相談をしに来ていることが分かる場合は，その相談の場限りで，弁護士として事件を受任できないこと（受任しないこと），弁護士として積極的な対応策をアドバイスすることもできないことを伝えて法律相談を終えることが多い。

検討 2-11　相談者に強い被害妄想がみられる場合

相談者が精神疾患などによって強い被害妄想を抱いていたり，事実と想像を混同する度合いが極めて強い場合に，相談者の話の内容を前提として事実整理を行うと，とんでもない結論が導き出されてしまう。こうした相談者の中には，病院の精神科で対応するしかないものもある。

強い被害妄想を抱いている相談者に対して，相談者の言うことが妄想であることを告げることは，通常，かなり困難である。「精神科の医師に診てもらった方がよい。」などと言おうものなら，それだけで「弁護士からのハラスメントだ。」と言われかねない。

相談者の言うことを裏付けるきちんとした証拠がないと法的手続に入ることはできないし，調査などについて受任することもできない旨を回答して相

談を終わらせることが多い。相談者のなかには，「今日は持ってきていないが，（裏付けとなる）証拠も持っている。」とか，「この状況を知っている○○さんは私の言っていることを証言してくれると言っている。」などと，さも裏付けとなる証拠があるかのような説明をする人もいる。そういう場合であっても，「今日のお話の内容からは，私には，あなたの言われるような事実があったとは判断できないし，仮に裁判所での手続をされても，裁判所もあなたの言われる事実があったとは判断しないでしょう。」などと相談者の主張が通らないことを伝える。

　こうした相談者の中には，「裏付けとなる証拠をどうやって収集すればよいのか。」とか，（弁護士や興信所などに）「調査をお願いするには，どうすればよいか。」と，執拗に食い下がる人もいる。こうした相談者から逃げようと考え，「証拠収集の方法」などを話すと，後日，「これだけ証拠を集めたので，これで訴訟を起こせるかどうか見て欲しい。」などと言われる場合もあるので，注意して対応する必要がある。

……………………………………………………………………

　被害妄想かどうか，一見して判断することが難しい場合もある。
　法律相談や事件活動をあまり経験したことのない弁護士は，相談者が事実関係を整理しきれていないケースであると判断してしまうことがある。また，裏付けとなる証拠を見ないと判断できないケースと被害妄想によるケースとを混同したりすることがある。その結果，裏付けとなる資料の収集を指示したり，事実関係をメモで整理するように指示して再相談の予約をしたり，弁護士が事実調査の範囲で事件受任する方向に持っていってしまい，後に被害妄想によるものであることが分かってきて大変な苦労をすることもある。
　被害妄想から実際に起こった事実でないことを述べているのかどうか，精神疾患から事実と想像を混同しているケースかどうかを30分間の相談時間内に正確に判断し，相談担当弁護士として対応する必要がある。

……………………………………………………………………

検討 2-12 被害妄想かどうかの判断が微妙なケース

（相談の例）
　相談者は，70代の夫婦とその娘（50歳前後か）の３人で法律相談に訪れた。

既に，他の弁護士に相談したことがあり，消費者センターで相談し，また，弁護士会に問い合わせて，建築問題に詳しい弁護士として紹介された，との話。

　相談者は，大手住宅メーカーに新築住宅の建築工事を発注し，約4か月前，その引渡しを受けた。内装工事に不具合があり，引渡しを受けた後，この住宅メーカーの担当者と交渉をして内装工事の担当者（下請業者）を家に入れ，補修の工事をしてもらった。ところが，何度工事をしてもらっても不具合が出ている。

　また，建物ばかりでなく動産類に多数の傷を付けられた。傷を付けられたのは，碁盤に四脚ついている脚の部分，靴箱に入った靴などに及んでおり，ノミのようなもので削ったり，千枚通しのようなもので，たくさんの細かい穴をあけたりなどされている。弁護士に依頼して，メーカーやこの下請業者に対し，損害賠償の請求をしたい。また，警察に（告訴などの）手続をしたい，との相談。

　話は，もっぱら妻がし，夫は認知症がある程度進行していると見られる状況だった。娘は，全く話をしなかった。

　相談者が持参した写真などを見ると，内装工事に（若干は）難のあったことがうかがわれた。それらは，引渡しを受ける際，出来上がりの具合を確認した時点では，不具合としての確認がされていない。しかし，引渡し後のクレームについて，メーカーは，業者を入れて補修工事を行った。いったん作ったもの（内装）を一部壊して補修するなどしたため，仕上がりの良くないものがあり，同じ箇所を複数回補修するなどしている。相談者は，その後も次々と不具合の箇所を発見し，その補修をするよう申し入れた。さらに，家に出入りした内装工事業者が，建物や家財（動産類）に故意に傷を付けたとしてその補修を求め，金銭賠償の請求をしたいと考えている。

　碁盤の脚や靴などに傷をつけたのが，メーカーの下請業者であるとの主張について，メーカー側は，10年以上内装の工事をやってもらっている業者であり，故意に傷をつけるようなことをするはずがないと言っている。相談者は，この下請業者が工事をしている間だけ家を空けていたのであり，他にこのようなこと（動産類を傷つける行為）をする人間はいないので，この下請

業者以外に犯人はいないと判断している。

　この相談（55分間に及んだ）を受ける中で，建物に付けられた傷の一部は，内装工事業者が誤って傷を付けた可能性もあるものと思われたが，業者が，嫌がらせのために，碁盤の脚を削ったり，靴箱の中の靴に無数の細かい穴を空ける行為に出たとは到底考えられないものだった。相談者の家族の内の誰かが，その行為に出た可能性が高いものと判断された。

　内装工事業者が故意に傷をつけたことを裏付ける証拠がないので，賠償請求などすることは無理であるという弁護士の判断を伝えたところ，「消費者センター」では「弁護士に依頼すれば，請求できると言われた。」，「建築に詳しい弁護士だと聞いたので，やっていただけると思ってきたのに，そうではないのか。」，「警察に持っていけばよいとも言われたがどうか。」と，なかなか納得しない。

　事件の受任はできないことを繰り返し述べ，相談を終了した。

……………………………………………………………

3　弁護士の専門的な知見に基づく判断や問題解決への対応の在り方についてのアドバイスを受けるのが目的

(1)　弁護士の専門的な知見に基づく事案の整理

　相談者の多くは，その事案について，自分なりの事実の整理と判断をして弁護士の法律相談にやってくる。

　しかし，中には，その事案の事実整理が全くできていないもの，事実整理の仕方が大きな誤りを持っているもの，相談者のした判断が全く誤っているものがある。

　弁護士は，法律相談を受ける中で，法律的な観点から事案を的確に整理した上，判断することが求められる。

ア　事案の大枠の整理

　相談を担当したときは，まず，相談者の話から事案を大枠で整理することが必要となる。

第二東京弁護士会の法律相談センターの債務整理案件を除く「一般法律相談カード」には，相談者が○をする項目として，「金銭問題」，「借地・借家」，「交通事故」，「損害賠償」，「離婚・親族」，「相続・遺言」，「会社・商事」，「特殊事件（税務，労働，渉外，行政，公害，特許等）」，「刑事」，「少年事件」，「その他（　　　　）」が挙げられている。
　相談者が記載しやすいように項目分けしたものだが，あまり役立っていない。最近の相談カードを見たところ，半数以上の相談者が「その他」に○をつけていた。
　弁護士は，法律相談を受けるとき，その事案が，どういう分野の法律問題についてのものであるのかにより，法律構成の大枠をまず頭に浮かべる。
　相談を受ける事案の事実関係や法律上の問題点を整理していく上では，基礎となる事実関係が共通した（同種の）法律関係の事案であっても，相談者がどういう立場にあるのか，相談者とその相手方との関係はどんな関係であるのか，訴訟手続となった場合に原告となるのか被告となるのか，などにより事案を整理する場合の枠組みは大きく変わってくる。

検討 3-1　「貸金返還請求」の事案の整理

(ア)　事案によって，整理の仕方は異なること
　　貸金返還請求の案件の相談は，事案としては単純な部類に属するが，その内容に応じ，整理の仕方は異なる。
　　「ある人にお金を貸したが返してくれない，返してもらうにはどうしたらよいか。」という相談を受けた場合，それが単純な貸金なのか，相手方と婚姻，婚約，内縁などの関係にある（あった）中での金銭の貸借なのか，「貸金」と言いながらその実質が「出資金」，「預託金」，「立替金」である可能性はどうか，相談された「貸金」案件の外に相手方と金銭その他の財産関係，身分上の関係があるのかどうか等によって，事案の整理の仕方は全く異なってくる。

(イ)　婚姻関係や内縁関係における金銭貸借
　　婚姻関係にある夫婦や内縁関係・同棲の関係にある（あった）男女間の「金銭貸借」は，婚姻，婚約や内縁・同棲の関係にある（あった）ときに，

「貸した」金銭の返還を求めるという形で登場する。

　婚姻・婚約などの関係の解消を求めることに付随する場合や，関係が解消した後の清算，財産分与などを求めることに付随する場合が多い。

　この場合は，離婚や内縁関係の解消，婚約の解消など身分関係の整理の方が重要な意味を持つことが多い。こうした案件では，身分関係の解消とそれに伴う金銭関係の清算であることを明確にし，全体として解決するために，どのような方策が考えられるかという観点で整理をする。

　相手方に対し「金銭の交付」があった場合，それが（金銭消費貸借による）貸金なのか，婚姻費用の分担による金銭の交付なのか，贈与されたものなのかが不分明で争いになることも少なくない。

(ウ)　親子，兄弟間の金銭貸借

　親子や兄弟間の金銭の貸借が問題となるのは，既に相続が発生している場合や将来相続が発生した場合の対応の問題であることが多い。

　この場合は，「相続問題」を中心に事案の整理をする必要がある。

　遺産分割の際に考慮するべき事項であることや，ある相続人の寄与分の主張，特別受益，遺留分の問題と関連することが多い。

　親族間の「金銭の授受」は，金銭消費貸借である場合の外，扶養，贈与，生前の財産分与，資産管理の委託，委託もないのに事実上資産管理をする場合など様々なケースがある。（金銭消費貸借）契約書の作成されていないものも多くあり，金銭が授受されたことの意味づけについて，双方の主張が真っ向から食い違うことも少なくない。金銭授受の意味づけやその根拠となる書面の確認などを慎重に行う必要がある。

(エ)　会社がらみの金銭の「貸借」

　会社と会社の関係者との間の金銭の「貸借」として相談される事案は，金銭の「出資」である場合や，「立替金」である場合，給与として支払われる金銭を支払わず会社との「金銭準消費貸借契約」として扱う場合などがあり，これら「貸金」，「出資金」，「立替金」が混在している場合がある。相談の段階では，出資金であるのか貸金であるのか立替金であるのかを確認できない場合も少なくない。

　会社の役員や従業員が「会社のためにお金を出した（貸した）」のだと

主張し，その（立替金の）「返還」を求めるケースがある。会社の経費をいったん立て替えて支出したのであると主張する場合は，「貸金」ではなく，「立替金」の償還請求や「不当利得返還請求」の問題となる。その支出が会社の業務上必要な経費としての性質を有するものであるのかどうか，そのような立替えによる支出についての償還が認められるものであるのかどうかを慎重に判断する必要がある。

役員報酬や従業員の給与をいったん支払った形にして，その役員・従業員から会社への貸付金等として計上している場合，あるいは従業員らからの「預り金」として計上している場合もある。「貸借」の内容を裏付ける資料がどの程度あるのかを検討することが必要。

(オ) 金銭貸借か贈与か

一般に，貸金の問題は，「金銭の授受」という事実はあるものの，「貸し渡した」のか「贈与した」のかが不分明なことがある。受け取った側が「他の負債の返済を受けたのだ。」と主張する場合や，金銭を預けたことが「寄託」，「消費寄託」と見られることもある。

貸金であることの裏付け（金銭消費貸借契約証書や領収証）があるかどうかを確認しないと，その後の方策を立てられない場合が少なくない。

相談を受けたときは，相談者のいう「貸金」の内容がどのようなものであるのかについて，証拠となる資料とともに確認し，その上で，返還を受けるための方策があるかどうか，そのために何が必要かを検討する。

イ 相談者本人が事案を整理できていない場合の事案の整理

相談者が不安を抱えながら相談に来ているが事案を整理できていない場合は，弁護士が（相談者の代わりに）その事案の事実整理をすることが必要となる。

事実整理は，相談者（と相手方と）の関係を法律的に見たときに，どういう法律関係に立つのか，その法律関係を裏付ける資料・証拠はどの程度あるのかという視点に立って事実関係を整理するとともに，時間的な経過をたどって，今どういう関係になっているのかを整理していくと分かりやすい。

法律相談を受けるときは，なるべく，契約書，不動産登記簿，戸籍簿，事

故証明書など客観性のある資料を確認しながら事実関係を整理していくと，弁護士がその事案を正確に把握し，相談者もその内容を正確に理解できるようになる。

検討 3-2　事案を整理できていない相談者の相談

　相談者が相談する事案の内容を整理できていない場合は，法律相談の中で弁護士が事実整理や法律の論点の整理をする必要がある。相談者がその事案について全く整理することができていない場合は，弁護士が1回の法律相談の中で事案に即した回答や説明をすることができない場合もある。

(事案を整理できていない相談者の例)

　40代の女性の相談。相談カードには，「建築関係のこと，賃貸トラブルのこと」と記載されていた。

　相談の冒頭に，細かい字で書かれた数頁のメモを渡され，「まとめて来ましたので読んで下さい。」という。最初の1～2頁目をざっと読んだところ，4年ほど前に建てた賃貸（アパート）用の建物の建築確認済証や図面がないこと，建築した会社に請求したが渡してくれないことなどが細かく記載されていた。メモには，「建築確認申請書」「確認済証」「検査済証」がごちゃごちゃに記載されており，その意味が全く分かっておらず，相談者が何を求めているのかがさっぱり分からない。そこで，建築確認申請は誰が行ったのか，建築工事の完了検査を受けているのかなど，時間的な順を追って聞いたが事実関係をほとんど把握していないことが判明。建築確認の確認済証の原本が手元にないため，建物を修理するなど建物に手をつけることができないと考えている様子。

　アパートの改修工事をする場合に「確認済証がなければ手を付けられない。」ということはないことを説明した。

　※　10㎡以上にわたる増築，改築については，建築確認を受ける必要がある（建築基準法第6条第2項）。それとの関係で従前の建築確認の内容を踏まえた増築，改築の計画を立てる必要のある場合もある。

　どうやら，建物の図面の無いことが問題らしいと判断されたので，建築確認申請書に添付された図面（この図面は，相談者が区に請求してコピーを受領

していた。）は建物の敷地や建物の位置，建物の平面図，立面図など基本的な図面であるが，完成時の竣工図面と一致しない場合のあること，建物の施工図面は建築会社（工務店）にあるはずなので，受け取っていないのなら請求して受け取るようにすることなどを説明。

相談者は，「いろいろ本を読んだりしたが，よく分からない。どういう本を読んだらいいですか。」といいつつ，建築確認申請（書），建築確認済証，完了検査済証について弁護士がメモをしながら説明したものを，書き写して行った。

相談カードに記載した「賃貸トラブル」の内容について，弁護士から質問したが，どういう内容の問題なのかを述べなかった。

この相談者は，自意識が極めて強く，自分で事案の問題点を整理し，納得の行く形にしたいと考えていたので，弁護士が事案の整理と問題点の把握の仕方を最初から説明し，その内容に沿った事案の整理がされないと，事案に即した対応の仕方についての話を進めることができなかった。

ウ　本質的でない事情を述べようとする相談者

相談者がその事案の内容を法律的な観点から判断する上で（多少関連はするが）本質的でない，事情に重点を置いた説明をするときは，弁護士が（主導的に）その事案に即した事実整理をする必要がある。

各種の事案ごとに，事実整理のポイントがある。事案の事実整理を進めていく上では，（あらかじめ）その事案のポイントとなる事実はどういうものであるのかを知っておくことが必要となる。ポイントとなるのは，多くの場合，法律の条文に規定された要件に該当する事実（要件事実）である。

例えば，建物賃貸借契約の解除，建物明渡しと未払賃料を相手方に請求する事案であれば，

　ア）対象建物はどういう建物か（所在地，建物の構造，床面積）

　イ）賃貸借の合意の内容（住宅用＝使用・収益の目的，契約期間，賃料の額）

　ウ）契約解除がされたこと（賃料の不払，契約解除の意思表示）

　エ）未払の賃料の存在（額，内訳）

などがポイントとなる。

また，付随する事情（事実関係）として，必要な限度で事実関係を確認する必要がある。

　オ）建物の所有者，土地の使用権の内容（所有権，借地権など）
　カ）契約関係（契約書の存在，契約書の内容・特約事項，契約更新の経過，敷金の状況，付帯設備）
　キ）建物の居住者，建物の使用状況（賃借人の設置した造作，建物修理の必要，過去に行われた建物の修理）
　ク）賃借人が賃借権の譲渡や占有の移転などをする可能性

など。

　相談者からポイントとなる点を聞き，（持参した）資料などから確認しつつ，事実整理をしていく。

検討 3-3　事案の法律問題の判断をする上では余り必要のない事情

　相談者によっては，事案の内容を判断する上ではほとんど必要もない，相手方とのやりとりを延々と述べたがる人がいる。

（賃料不払を続ける賃借人の言い分）

　アパートの賃借人が，賃貸人（家主）から，賃料不払を理由に，契約解除，明渡し請求，未払賃料の支払を請求されている場合

　過去に一時雨漏りがしたことがあり，なかなか修理してくれなかったとか，建物の電気系統の故障を直すように要請したのに，直すと言いながら半年も放置されたとか，賃料を持って行ったのに不在で受け取らなかったとかの事情を延々と述べ，賃貸人からの明渡し請求が不当であることを訴える相談者がいる。賃料をいつから支払っていないのかを聞くと，賃料を過去2年間も支払っていないという。

　借家契約の解除に当たっては，「信頼関係の破壊」（実は，信頼関係が破壊されていると認められない特段の事情という消極的な要件）が法律上の要件であると考え，相談者の利益を考え，何とか信頼関係が破壊されていないものとして捉えようとすると，こうした事情についての話を延々と聞いた上で，「信頼関係の破壊」の有無を検討し，賃貸人の側にも問題があるので，信頼関係は破壊されていないと判断してしまうことになる。

賃料不払を理由とする契約解除，建物明渡し請求訴訟において問題となるのは賃料不払を正当化するほどの事情があるかどうかである。
（建築工事代金を支払わない注文主の言い分）
　注文主である相談者が，法律相談の中で，建築工事の施工不良や，施工についての打合せの内容をきちんと実行しないという建築会社の不誠実，（「施工不良」と判断した部分を）補修すると言ったのにきちんと補修しない，といった点を延々と述べたがることがある。
　こうしたケースでは，請負工事代金については，建物の完成度，「施工不良」と主張する部分がどの程度の施工内容であるのかに応じた代金の支払となるのが普通である。工事が「完成」していないのだから１円も支払う必要がない，という理屈は，契約当事者間の話し合いが決裂した段階では，通らない。その場合には，工事の出来高を算定し，それに見合った代金の支払，精算が必要になってくる。こうした場合に，「建築会社が不誠実である」という事情をいくら聞いても，その事案を的確に判断することはできない。
　判断する上で必要なのは，契約の内容，工事の完成度，施工不良と主張する箇所の施工状況とその部分の補修工事の見積もり金額などであり，「建築会社の不誠実な対応」は，ほとんどの場合，要証事実ではない周辺の事情にとどまる。

　　　　　　　　……………………………………………………………

(2)　弁護士の専門的な知見に基づく判断
　弁護士は，法律相談において，相談者が相談する事案の内容について法律構成をしつつ整理し，内容を的確に判断した上，弁護士の判断を相談者に説明することが期待されている。
　弁護士の判断は，その事案が訴訟係属した場合，裁判所がどのような判断をするであろうかという点を予測し，予想される双方の主張や証拠を考慮し，相談者の主張がどの程度通る可能性があるか，その主張をし，証拠を収集し，訴訟などを行うための期間や費用はどの程度であるのかの判断を踏まえたものである必要がある。

ア 相談者の言い分がどの程度（裁判所や相手方に）通用するものであるのかについての判断

　法律相談を受ける中で，相談者の言い分が裁判所や相手方から見たときに妥当と言える範囲のものであるときは問題がない。しかし，相談者の言い分が（裁判所などにおいて）認められないものである場合には，そのことについて弁護士が判断し，必要に応じ，その判断を相談者に伝えることが大切。

検討 3-4 工事請負代金不払の正当性

（建物の新築工事について問題となった相談の事例）

　工事請負契約（4,800万円）を注文主として締結。工事はほぼ完成したが，①らせん階段と2階，3階のフロアーの接合部分に7ミリの段差が生じた，②屋上への階段室の窓が高さ3.1メートルの位置にあり手で開閉ができない，③隣家の雨樋を当方の外壁に接着させてしまったため，これを切り離す補修工事をさせた，などの施工不良があるとして2,000万円の支払をしていない。建設会社から代理人弁護士名で2,000万円の支払の催告と訴訟提起の予告の通知が来た。内容がウソなので撤回させることはできないか……という相談。

　相談者は，工事のできが悪いので，建て替えて欲しいと考えているとの説明。弁護士に事件を依頼したいという意向も示した。

　設計図書を見て，相談者が問題と考える内容（項目）をチェックした。

　このケースでは，建築工事の施工上多少の問題があると思われるが，訴訟となり出来高鑑定をすれば，95パーセント以上の出来高と評価される可能性が高いものと判断された。工事代金の内2,000万円の支払を拒む正当性は見い出せない。まして，建替えの費用を請求しても裁判所に認められる可能性は皆無である。このまま放置すれば，相手方は，近々，訴訟を提起してくるものと予想されたため，相談者の言い分はそのまま通ると考えられないことを説明し，早急に，施工不良の内容やその補修方法，工事代金を減額するかどうかを話し合うなどの対応をすることを助言した。

　相談者は，その場では納得できないという態度を示した。

　その後1か月近く経った後，指名により再度の相談。

訴訟となっても相談者の言い分は通らない見通しであること，不具合を直さなければ残代金を一切支払わないという対応は裁判所において認められないこと，弁護士に依頼するよりは，不具合（施工不良）のあることを指摘し，早急に請求金額の減額交渉をしてみてはどうかと助言。相談者は，前回の相談時と異なり，訴訟を起こされないかを気にし，弁護士の助言に従って対応するとの態度を示した。

....

イ　無理筋の主張に弁護士が同調することを求める相談者

相談者によっては，無理筋の主張をし，自分の主張の正当性を強調し，弁護士がそれに同調することを求める人がいる。

無理筋の主張に弁護士が同調することを（事実上の）条件として事件の受任を依頼してくる場合もある。

こうした相談者に対しては，言い方や態度に十二分に気を付けながら，その主張が社会的には（裁判所などには）通らないと考える弁護士の判断を説明する必要がある。

このような相談者とは，法律相談を円満に終了できない場合のあることを覚悟してかかること。

....

検討 3-5　建築工事請負代金請求訴訟と損害賠償の反訴についての相談

相談者は，自宅建物の内装工事を600万円弱の金額で発注し，工務店が内装工事を行った。相談者は工事のできばえに満足できず，360万円が未払だった。工務店から未払の請負代金の支払を求め訴訟提起。相談者はこれに対応（応訴）するため弁護士に依頼し，50万円程の着手金を支払った。

内装工事は，一部未完成，一部施工不良であると考えた。また，工務店が内装工事を行うに際し，工事用の資材や工具を乱雑に置いたため，壁，建物が傷んだことを理由として弁護士に反訴を依頼し，800万円の反訴請求（損害賠償請求）をしている。

依頼した弁護士から着手金の追加として高額の請求を受けた。弁護士は，建築のイロハも分からず，頼んでいる建築士と相談するように言ったにもかかわらず，反訴状を書くため毎晩自宅に電話して来たので時間を取られ大変

迷惑した。建築のことを分からないのに多額の弁護士費用を請求されたので，この弁護士を解任し，別の弁護士を探している……というケース。

　相談者は，自分自身が建築に詳しいことを強調し，建築問題のことが分かる弁護士を探しているが見つからないとの話。

　訴状，答弁書，反訴状，修理費用の見積書などをざっと見たが，内装工事の一部に不具合があり，未施工の部分も僅かにあるようだった。しかし，請負工事代金の半額以上を支払わない根拠となるものとは見られない。

　（相談者から相手方に提起した）反訴請求の根拠は，傷つけられた建物が特別の造りの建物（日本家屋），塀なので，修理費用も高額になるという説明。ただし，工事用の資材置き場にしたことによる傷そのものは，さほどの内容ではないと見られた。

　ざっと説明を受け，資料の一部に目を通し，
① 内装工事の出来高がどのように算定されるかが問題だが，元々の工事請負契約の内容と施工状況を見ると，半分以下の出来高と判断される可能性は低い。
② 建物等の傷から見て，反訴請求における主張（家屋，塀の修理工事による傷の補修に多額の費用を要すること）の根拠となる「特別損害」に該当するとして裁判所に請求を認容させるのは難しい。
③ 家屋，塀の修理費用の見積書はあるが，経年劣化による補修の必要箇所についての補修であるのか，この工事に際して生じた傷の修理であるのか明確でないところがあり，見積もられた修理費用の全額を請求することは難しい。

ことを指摘した。こちらからある程度の金額を支払う形か，当方の主張が大幅に認められる場合には，若干の金額を相手方から支払わせるのが上限になるのではないか，と見通しの判断を提示。

　これに対し，相談者は，元々の建物が特殊の日本家屋であることを強調し，納得しない。建築の用語を次々口にし，「（従前，事件を依頼していた弁護士など）こんな用語も分からない弁護士には頼めない，こういうことが分かる弁護士をどのように探したらいいのか。」と，建築問題を分かる弁護士のいないこと（実は，自分の意見に同調してくれる弁護士のいないこと）の不満を述べ

た。

　相談時間は約1時間。弁護士がその事案についての判断を説明した後、20分〜30分間は、（従前依頼していた弁護士などへの）相談者の不満と、「いい弁護士はどこにいるのか、どうしたら見つかるのか。」といった話が中心だった。

検討 3-6　ストーカーとされた女性からの相談の事例

　一時同棲し、結婚を約束していた男性が、女性の要求に耐えかねて実家へ逃げ帰ったことについての相談。相談者は、30代の極めて理知的な女性。

　男性は20代。結婚の約束をし、一時同棲していたが、言い争うことがあり、あるとき女性が包丁を持ち出したことがあった。男性は、その直後地方の実家へ逃げ帰り、電話には父親しか対応しないなど一切交渉を絶たれた。

　父親からは婚約の解消の申入れがあった。男性は都内の会社に勤務していたので、会社に電話したが取り次いでくれない。会社に出向いて面会を求めたところ、警察に通報され（任意同行の形で）警察に連れて行かれ、事情を聞かれ、このようなことをしないようにと言われた。警察の仕打ちに対し、告訴や損害賠償の請求をしたい、また、婚約を破棄した男性の責任を追及したい……というのが相談の要旨。

　この女性の行動は、男性の側から見れば「ストーカー行為等の規制等に関する法律」第3条の禁止行為に該当するものとして警察（署長）が対応し警告（同法第4条）を発したものと推測された。相談者本人が包丁を持ち出して男性に迫った事実のあること、男性の実家や会社に繰り返し電話をし、会社に出向いて面会を求めたこと（回数は不明）などから見て、警察の対応が違法であると判断することはできないと思われた。

　警察に対する告訴や国家賠償の請求などをすることは無理であることを説明した瞬間、相談者の態度が激変した。無言で涙を流し、突然、自ら相談を打切り、受付付近に戻ってから大声をあげ、自分の携帯電話で110番し、警察官が来場すると、「私が電話したって警察は来るじゃないか。」と意味不明のことを述べ、泣いて取り乱す状況だった。

ウ　相談者の主張を裏付けることがどの程度可能であるのかについての判断

(ア)　相手方が口頭で認めた（約束した）ことを根拠に，自分の主張が認められると考える相談者

　相談者によっては，相手方と契約書や文書のやりとりもなく，その主張する事実の有無，存否を第三者が判断するだけの材料が無いのに，相手方が（口頭で）認めたのだから，相談者の主張は認められるはずであると考える人がいる。

　このような相談者に対しては，普通，事実を客観的に裏付ける証拠がなければ（相手方から金銭を支払わせるなどの）請求をするのは無理である，と説明することになる。相談者の中には，弁護士がそのように説明しても，「（相手方）が否定すれば何もできないのか。」，「どうすれば（当方の請求を）認めさせることができるのか。」，「泣き寝入りするしかないのか。」と食い下がり納得しない人もいる。

　相談者の主張が（裁判所や世の中で）認められる根拠として，「相手方が口頭で認めた。」ことを挙げるが，それ以外に裏付けとなる証拠がないので，その主張を法律上の手続において認めさせることはできないと判断される場合，「あなたの言われることは，相手方がいったんは口頭で認めたことがあっても，その裏付けとなる客観的な証拠がないので，弁護士が代理人となって手続をし，請求することはできません。」と（事件を受任する意思のないことを伝えながら），法律手続上の説明の形ですることもある。

(イ)　第三者の「証言」が無いと自分の言い分は通らないと考える相談者

　(ア)とは逆に，その事故や事件を目撃した人がいないので，誰も私（相談者）の言うことに耳を傾けてくれないのではないかと考える人もいる。

　家庭内での夫婦間の暴力や婚約した男女が婚約を破棄するに至った事情などのうち，第三者が関与しないところで発生した事件（事実）は，本人の陳述書やメモなどから，こちらの主張する事実がどの程度裏付けられるのかを判断するほかない。

　（家庭内暴力に関する事実について）医師の診断書，警察への110番通報の結果などにより裏付けられる場合もあるが，多くの案件では，当事者

間の出来事を第三者が裏付けることは，余りない。

初回法律相談において，相談者の話の内容だけから相手方の違法行為などがあったかどうか判断することはできないが，相談者の言い分がもっともであると思われるケースがある。そういう場合は，（暴力を振るわれた事実を裏付けるため）直ちに医師の診療を受け診断書を作成してもらうこと，将来に向けた証拠の収集，本人の陳述書の作成などの方法を説明しつつ，法律的な解決を諦めないように励ますこともある。

(ウ) 書面などにより裏付けられるかどうかの判断を要する場合

通常の契約関係の事案については，法律相談であっても，契約書，見積書，約定書，領収書などの書面から判断して当方の主張がどれくらい裏付けられるのかについての大まかな判断をし，その判断の内容を相談者に説明するべき場合が少なくない。

相談者の主張を裏付ける証拠となるものがほとんど無く，裁判所の手続を想定した場合に主張・立証責任を果たすことができない可能性が高いと判断されるときは，そのことを相談者に説明する。

また，事故届，診断書，相手方から事実関係を確認する旨を記載した文書など，今後，証拠となるものを作ることがその時点で可能であるときは，相手方に手紙を出して返事の書面を受け取る（ことによって事実関係を裏付ける証拠とする）ようにするとか，医療機関に赴いて診察，治療を受け診断書を作成してもらうとか，（事故などの届出をした上）公的機関から証明書を出してもらうようにするとかのアドバイスをする。

(3) 相談者がその事案について今後どのように対応するべきかの判断

ア 今後どのように対応するべきか

弁護士が法律相談を受けたときは，その専門的な知見に裏付けられた事案の整理，判断とともに，事案の内容によっては，今後どのようにすればよいのかについての判断をし，そうしたアドバイスをすることが求められる。

法律相談の内容が法律的な可否の判断を求めるものであったり，法律上の制度の内容を知りたいというものである場合には，法律的な可否の判断を示したり，法律制度の内容を説明すれば，それで目的を達する場合がある。

3 弁護士の専門的な知見に基づく判断や問題解決への対応の在り方についてのアドバイスを受けるのが目的　37

　しかし，法律相談の多くは，相談者として，今後どのように対応すればよいのかについて，弁護士の意見を求めるものである。
　相談者から，相談者の今後の対応について弁護士の意見を求められたときは，必要な範囲で，相談者として今後とるべき対応の内容を説明したり，示唆したりする。

イ　相談者が今後とるべき対応についての説明

　相談者がその事案について「今後どうしたらいいでしょうか。」と弁護士に尋ねた場合，その時点で，相談者が持参した資料や相談者の説明から弁護士がその事案において相談者のとるべき対応を判断し説明できるくらいにその事案を把握できたときは，弁護士の判断の内容を説明することになる。しかし，1回だけの法律相談では，事案の全体像がつかめなかったり，事実関係を正確に把握できたのかどうか確信を持てなかったりすることが多い。
　その事案に関し相談者から受けた説明からは全体像を把握しきれない場合や，判断の前提となる事実を確認できず疑問が残る場合であっても，相談者の説明などから分かる範囲で，弁護士がその事案の事実を整理し，アドバイスするべきことがあれば，アドバイスする。

検討 3-7　店舗の賃貸人からの相談の例

　自己所有の小さなビルを店舗用に賃貸している人が，テナントの問題で相談に来た場合，例えば，次のようにアドバイスする。
（賃貸ビルのテナントに関する法律相談の例）
　相談者は，自己所有ビルの2階の一部を焼肉店に賃貸している（平成13年頃から）。賃料は月額25万円，保証金は300万円。外階段を専用使用している。契約書の特約条項で，賃借人の過失による階段の劣化は賃借人の責任で修理することになっている。階段の片側には木製の柱（2本）と，柱と柱の間の板が（勝手に）設置され，電飾や店の案内などが取り付けられている。賃貸人としては，事実上これを放置してきた。階段の破損箇所が目立つ状態のため，賃借人の負担でこの階段を直したい。また，賃料が遅れがちなので，可能なら，出て行って欲しい，という相談。相談者は，不動産の運用について相当程度の知識がある。（後日，再度の法律相談があり，この相談者は，対象物

件を最近取得したとの説明があった。）

　弁護士の説明，回答は，
　ア）直ちに建物の明渡しを請求するのは無理であること
　イ）文書で，柱，板，電飾等の設置について，賃貸人が承認していないことを理由に撤去するように申入れること
　ウ）階段の破損が賃借人の行為によるものと考えられることを文書で告げ修理を要することを伝え，その費用負担を求めること
　エ）賃料の支払が遅れがちであることについては，遅れた都度，こまめに文書で通知（催告）をすること
　オ）そうした対応をした上で必要であれば再度の相談をすること
をアドバイス。
　このような法律相談では，相談者は，今後の対応の仕方や，どこまで主張できるかを知りたくて相談に来ているので，それに応じた説明，回答をする。

……………………………………………………………………

　相談者の説明があいまいで事実関係の概要も把握することができない場合がある。今後の対応策や対応の方針について説明すると誤った内容のものになる可能性が高いときは，相談を受ける中で順を追って事実関係を整理するやり方を教えながら，事実確認のための資料を収集することや，相談者自身が事実関係を確認した上で改めて法律相談をするように促すこともある。
　相談者が事実関係を自分に都合の良いように勝手に解釈している度合いが甚だしい場合や，再度の相談をしても，その相談を受けた弁護士がきちんとしたアドバイスをすることも難しいであろうと判断される場合は，（相談者が最小限留意するべきことなどを告げた上）弁護士の全体としての判断を告げることもなく，相談を終了させることもある。

4　相談者の期待する内容，タイプによる対応の仕方

(1)　相談者の期待する内容とそれに応じた対応

　相談者には，

ア）最初から弁護士に事件を依頼しようと考えて来る人
イ）弁護士の意見を聞いた上で方針・費用などが折り合えば弁護士に依頼しようと考えて来る人
ウ）弁護士の意見を聞いて自分で処理しようと考えて来る人
エ）弁護士の意見を聞きたいだけの人

など，いろいろいる。

共通しているのは，法律の専門家である弁護士の（専門的な知見に基づく）意見を聞きたいということ。

法律相談に際しては，相談者が弁護士に事件を依頼したいと考えて来ているのか，弁護士の意見を聞いた上自分で処理しようと考えているのか，単に弁護士の意見を聞きたいのか，その内容を把握し，それに応じた説明や意見の表明を行う。

(2) 最初から弁護士に事件を依頼しようと考えて相談に来た人

ア 訴訟や調停の当事者となっている場合

相談者の中には，既に訴訟や調停が起こされ，その当事者となっていて，最初から弁護士に事件を依頼したいと考えて来る人もいる。さらに，

ア）訴訟の被告や調停の相手方となっている場合で，（相手方である）原告や申立人に弁護士が就いている場合

イ）相談者から訴訟を提起したが，（まだ）訴訟代理人が就いていない場合

ウ）訴訟を提起することを決めているが，適当な弁護士が見つからない場合

もある。

この場合，まず，弁護士が依頼を受け事件を受任し，代理人として就く（必要のある）事案かどうかを判断する。

弁護士が代理人となった方がよいと（一応の）判断がされる場合，法律相談において弁護士が示すことを期待されるのは，

① 弁護士が就いて事件を処理した場合の結果の見通し（勝敗や獲得できる金額なども）

② 弁護士をつける必要性の程度
③ 弁護士が受任して行う事件処理の内容（どういう手続をとるのか，どういう方針で事件活動を行うのか）
④ 事件が終了するまでの期間
⑤ 弁護士報酬の額と支払の時期
⑥ 弁護士がその事件を処理するノウハウを相当程度持っていること
⑦ 依頼者本人としてなすべきことは何か

など，弁護士が事件を受任する際に依頼者に説明することを期待される事項の全般に及ぶ。

検討 4-1　事件受任の段取りを踏むこと

　事件を自力で受任した経験があまりない初心者の弁護士は，たまたま法律相談の中で事件を依頼したい旨の希望が出されると，事件処理の方針や受任する事件の範囲，弁護士報酬の額などをきちんと詰めないで受任してしまうことが多い。

　こうした相談者（依頼者）についても，事件を受任する際に必要な段取りをきちんと採ること。法律相談の中で必要な事実関係を聞くこと，事件処理の方針を提示すること，受任する場合の受任事件の範囲を明確にすること，弁護士報酬の額の提示をすること。

　1回の法律相談で詰め切れない場合には，「事件を受任する方向」を示しつつ，近い日時に再度の法律相談や委任契約を交換する日を入れるなどして，事件受任の条件を詰めていくようにする。

　私は，相談者から事件を依頼したいという意向が示され，弁護士が受任した方がよいと考える場合には，事件を受任する意向を示しつつ，「事件をお受けする場合，委任契約書を作る必要があります。委任契約書の案を作ってお送りします。それをご検討いただき，○日○時にまたお会いして受任ということにさせていただきます。」などと話し，受任の範囲や弁護士報酬の額などについては，委任契約書の案を提示し（例え2〜3日後であっても），相談者がそれを検討する時間的な余裕を持つようにしている。

　ただ1回の法律相談を受けた段階で，弁護士報酬（着手金，報酬金）の適

正な金額を提示することは難しい。また，相談者の中には，勢い込んで法律相談の場に臨み事件依頼をしたものの，気が変わって事件依頼を取りやめることが少なからずある。多少なりとも，時間的な余裕をもって事件依頼，受任の手続をし，その中で，事件処理の方針を明確にし，受任の範囲，弁護士報酬の額についての合意をした方がよい。

検討 4-2　結果の見通しをどのように伝えるか

　相談者から結果の見通しを尋ねられた場合，弁護士は，その相談で開示された事実と資料に基づいて，訴訟となった場合の勝敗の可能性や訴訟手続に要する期間などを想定する。しかし，多くの場合，相談者の説明だけから事実関係を正確に把握することはできない。また，法律相談に持参した資料以外の重要な資料が存在したり，相手方が当方の主張を覆すだけの資料を持っている場合もある。

　例えば，「100万円ずつ5回，計500万円を貸し渡した。」という事案で100万円の領収書が5枚ある場合には，500万円を貸し渡したことはほぼ裏付けられるが，相手方から，（全部又は一部を）弁済をしたという主張や反対債権で相殺した（相殺する）という主張がされると，結果の見通しが全く変わってしまう。また，弁済を猶予する書面を交付しており，弁済の時期が金銭消費貸借契約書の記載とまったく変わってしまっている場合もある。

　契約上の債務不履行を理由とする契約解除・損害賠償請求の事案で，当初作成された契約書から見れば債務不履行と言えるが，その後作成された，「契約書の附属合意書」により「債務」の内容が大きく変わり，「債務不履行」とは言えなくなる場合もある。そのことが相手方から主張され，その資料が提出される場合もある。

　法律相談において立てる「結果の見通し」などは，相手方の反論や反対証拠の提出により大きく変化する可能性があるので，その段階で得られた事実（主張・証拠）に基づく限定されたものであることを踏まえ，見通しを説明する必要がある。

イ　弁護士に事件を依頼すれば（事案の内容にかかわらず）いい結果が得られると思いこんだ相談者

　貸金の返還請求の事案や賃料不払の賃借人に立ち退きを求める事案などで，弁護士に依頼し，弁護士から請求しさえすれば目的を達成できると考え，初回市民相談の初っぱなから，事件を弁護士に依頼したいという人がいる。

　このような相談者の多くは，「自分が請求してもダメだが，弁護士さんが請求すれば，相手方は（必ず）支払ってくる。」と思いこんでいる。相談の最中に「自分が言っても（相手方に）バカにされるだけですが，先生のような方から言ってもらえれば，必ず（相手方は）言うこと聞きます。」などと弁護士を褒めあげて依頼しようとする人もいる。

　相談者のこうした話をまともに受け止めて（安い着手金で）事件を受任すると，後で全く違う状況であることに気が付くことが多い。

　このような話をする相談者は，事件処理の確たる見通しがある訳ではなく，逆に，極めて甘い見通しのもとで，対応しようとしていることが多い。

　このような相談者から事件を依頼したい旨の意思を含む相談を受けたときは，冷静に事件処理の見通しを立て，事件を受任する場合の手続や費用，期間を相談者に説明する。

検討 4-3　弁護士が事件を受任するべきかどうかの判断

　初回法律相談の中で，相談者が弁護士に事件を依頼したいという意思を表明した場合，受任の範囲を確定し，事件処理の方針を立て，弁護士報酬の額を決定（合意）するだけの材料がそろっているかどうかをチェックする必要がある。こういう法律相談では，相談者から弁護士として直ちに事件の受任をして欲しいという希望が出されたり，裁判の期日が間近に迫っていたりという場合も少なくない。そのため，事件の受任の仕方が甘くなり，後々，大変な苦労をすることがある。

　初回法律相談でいきなり事件を受任して欲しいという希望が出された場合であっても，
　　ア）適性・妥当な水準の弁護士報酬の支払を受けて受任するに値する事件かどうか（弁護士費用対効果）

イ）依頼者の違法・不当な意図を実現するための手段とされるようなことはないか
ウ）依頼者間の利益相反など弁護士倫理（弁護士職務基本規程）に触れる問題はないか
エ）受任の範囲は明確か

などを検討した上で，事件を受任するかどうかを判断する必要がある。

　初回法律相談の内容（その際持参した資料）だけでは判断しきれない場合には，近いところで再度の法律相談を行うとか，裁判期日に提出する書面（答弁書など）を本人名のものとして起案して交付し，後日再度の法律相談を受けるなどの対応をする。

　　　　　　　　　………………………………………………………

ウ　訴訟マニア

　初回相談のしょっぱなから事件を依頼したいという相談者，相談の予約をする段階から，必ず事件を受任して欲しいという希望を述べる人の中には，いわゆる「訴訟マニア」がいる。

　いわゆる「クレーマー」は，問題の大小にかかわらず，いろいろの場面で，様々な人にクレームをつける。そうしたクレーマーの中で，次から次へと訴訟を起こし，訴訟をすることを生業(なりわい)にしている感のある人がいる。これが典型的な訴訟マニアである。クレーマーの極限の一つが訴訟マニアであるといってもよい。

　訴訟マニアといえるような人は，何度も何度も訴訟をしてきているので，その分野の訴訟に関しては，なまじの弁護士よりも詳しいことが珍しくない。たまに勝訴（一部勝訴）した経験があるが多くは負けているので，裁判官についても弁護士についても評価は極めて厳しい。裁判官や弁護士の弱点もよく知っている。名うての訴訟マニアの前では，初心者の弁護士など，ほとんど子供に等しい。

　訴訟マニアは，訴訟をすること自体に生き甲斐を感じているので，負けたときや負けそうなときの方が生き生きとしているし，やる気満々に見える。

　訴訟の内容に（ある程度の）正当性がある場合もない場合もあるが，問題の中心はそこにはない。訴訟マニアは，訴訟そのもの，訴訟を通じて相手方

や関係者を攻撃することに最大の喜びを感じるので,「訴訟を通じて紛争を解決する。」ということがない。訴訟手続において,紛争を終結させるために「和解」をすることもない。したがって,「和解」は,次なる戦いのための手段となる場合以外はない。常に,最大限の攻撃,訴訟上の手続を全て尽くすという方向に向かう。

　弁護士にとって訴訟マニアは,相手方である場合も依頼者である場合も,大変な労力を費やす上に,最大級の気苦労が生じる。

　法律相談を受けたとき,早い段階で,相談者が訴訟マニアであるかどうかを見分け,対応しないと,大変な状況になることが多い。

　訴訟マニアが（法律相談において）事件を依頼したいと言ってきたとき,訴訟マニアに見込まれるほどの弁護士（誠実な弁護士,仕事のできる弁護士が多い。）は,うぬぼれを捨て,最大限の防御をして受任を断り,相談を終了させることが大切である。

(3) 弁護士の意見を聞いた上で方針・費用などが折り合えば弁護士に依頼しようと考えて来る人

ア　どんな人がいるか

　このような条件付での事件依頼の希望者には,

　ア）他の弁護士に相談をした上で相談に来ている人

　イ）弁護士費用が多額になることを危惧しながら相談に来ている人

　ウ）弁護士に対して高いレベルの仕事や能力,依頼者への忠誠心を期待する人

　エ）方針を決定することができないで揺れている人

がいる。

　このような相談者（依頼者）には,的確な事件処理の方針,具体的な法的手続の内容とそれへの取組の段取り,適性・妥当な水準の弁護士報酬の額の提示をすることが要求される。

────────────────

検討 4-4　依頼者の要求水準に引きずられないように注意する

　勝訴の見通しを立てることやお金の回収（取立て）が困難な事件について

「裁判を起こして勝てるなら（お金をとれるなら）依頼したい」と相談してくる人がいる。また，「こんな裁判ができるでしょうか」と極めて難しい裁判手続の可否の判断を求める人がいる。

相談者が押し出しのいい人だったり，人の良さそうな人だったり，美人だったりすると，ややもすれば甘い見通しを語り，それを前提として事件を受任してしまう危険がある。また，相談者（依頼者）の要求に引きずられて，事件処理の方針を曲げて提示したり，適正・妥当な水準を下回る弁護士報酬の額を提示したりしやすくなる。係争利益が大きく，弁護士報酬が多額になる事案ほど，そうなりやすい。

このような相談者（依頼者）に対してこそ，弁護士として持てる実力を発揮して，事件処理の方針，具体的な段取り，依頼者としてなすべきことの内容，適正・妥当な水準の着手金や報酬金を提示することが大切。

……………………………………………………………………

イ　弁護士費用が多額になることを危惧しながら相談に来ている人

収入が少なくて，その事件を弁護士に依頼しても弁護士報酬を支払うことができない人もいる。このような人については，法テラス（法律扶助）の手続を紹介したり，その事案で勝訴することと相手方からの入金の見通しをある程度つけることができる場合には，着手金の額を低くし報酬金の額（割合）を高くしたりして事件を受任する方向に進めることもある。

収入が通常のレベルでも，事件の係争利益の額から通常算定される弁護士報酬の額が高額になるため，弁護士費用を心配して相談する人もいる。このようなケースでは，（1回の相談では難しいので）再度の法律相談の機会をセットするなどし，弁護士費用についての考え方を丁寧に伝えるとともに，相当と認められる範囲内で，着手金の減額や分割払い，とりあえず交渉案件として受任することなどのメニューを提示する場合もある。

相談者の中には，保有する資産も収入もありながら，その案件について弁護士が受任する場合の手間や，要求される知見，事件処理のノウハウを極めて軽いものと考え，弁護士が相当と考える着手金の数分の1，10分の1といった金額であれば依頼したいという人もいる。こうした相談者には，弁護士の業務はそのようなものでないことを説明し，（そのような弁護士報酬の金

額では）事件を受任する意思のないことを伝える。

ウ　弁護士に対し，異常に高いレベルの仕事や能力，依頼者への忠誠心を期待する人

　弁護士に事件を依頼する人は，一般に，弁護士が法律実務のプロとしての能力を有することを，当然に期待している。相談者の中には，一般的に弁護士に期待するよりもはるかに高いレベルで弁護士の仕事や弁護士の能力，依頼者への忠誠心を示すことを期待し，求める人がいる。

　法律相談を受ける中で，他の弁護士に事件を依頼したのに，その弁護士は仕事ができないので変えたい，と言われることがある。その弁護士がどのように事件処理をしてきたのか，どういう点に不満があるのかを聞いてみると，もっともであると思われるものもあるが，中には，依頼者の弁護士への要求が過大で，弁護士に無理難題を押し付けていると思えるケースもある。係争利益の額が大きく，弁護士費用（着手金など）が多額となるケースに比較的多いが，着手金が10万円の事件であっても，「弁護士があれこれ全部やるべきだ」と考える人もいる。

　弁護士に対し，異常に高いレベルの仕事や能力，依頼者への忠誠心を期待する相談者は，弁護士に「事件を依頼したら，どこまでやってくれるのか。」，「○○の場合は，弁護士としてどういう対応をするのか。」，「この事件で訴訟を起こした場合，いつまでに終わるのか。」，「訴訟にかかる費用は，全部で幾らなのか。」など，将来の見通しにかかる点で確定的な判断を提供するのも難しいことを次々に問いただし，それらを弁護士から表明させた上で，「事件を依頼してもよい。」という態度をとることが多い。

　相談者は，一般に，事件を弁護士に依頼しようと考えるときは，弁護士に事件処理の見通しや期間などを聞いてくるのが当たり前と言えるが，その程度が甚だしく，異常と言える程の場合には，事件を受任しようとして無理をせず，慎重に対応すること。こうした相談者から事件を受任すると，後に，ささいなことからでも，トラブルになる可能性が高い。

(4) 弁護士の意見を聞いて自分で処理しようとしている人

ア　どういう人が，法律相談を受けながら自分で事件を処理しようとするか

相談者の中には，弁護士に相談して意見を聞くが，弁護士に事件を依頼しないで自分で処理しようとする人がいる。その多くは，弁護士に依頼するまでもなく，その人が処理できるものである。

訴訟にしたくないと考えたり，弁護士費用が高いと考えて自分で処理しようとする人もいる。

まれに，相談者自身は自分で事件を処理しようとしているが，弁護士に依頼しないと妥当な処理が図れないと危惧されるケースもある。

検討 4-5　弁護士に事件を頼まない様々な理由

弁護士に事件を依頼するとかなりの弁護士費用が掛かるし，訴訟などになれば，時間（年月）も掛かると考える人が多くいる。また，訴訟や調停などの手続をすることにより相手方と決定的な紛争状態に入りたくないと考え，自分なりに処理しようとする人もいる。

弁護士に依頼した場合に，弁護士がたいしたこともしないのに，弁護士から多額の費用を請求されると危惧する人は少なくない。非事業者や収入の少ない人は，弁護士費用（着手金や報酬金）の話を聞いた途端に，弁護士への依頼を断念するケースもある。また，マンションの管理組合の役員や，会社の役職員で訴訟提起の決断をしたり弁護士費用の支出を決定する権限のない人の場合，個人的には弁護士に依頼した方がよいと考えても費用負担の決断をすることができず，事件を弁護士に依頼できないこともある。

相談の内容から見て，弁護士が関与すればそれなりの成果を上げられるのではないかと考えられる場合には，弁護士から，弁護士費用の額や，弁護士がその案件に関与して解決に至るまでの期間を説明することもあるが，こうした相談者から（その後）弁護士に事件を依頼したいという要請がされることは少ない。

イ　自分で事件を処理しようとしている人の相談にどのように乗るか

弁護士に依頼した方が明らかによいと思われるケースではそのようにアド

バイスすべきだが，それ以外のケースでは，1回限りの相談の中で相談者が求める情報や法律上の判断を提供することに努めるべき。

　このような相談者（依頼者）には，弁護士に依頼しないでできることをなるべく親身に惜しまず伝授してあげること。こうした相談者（依頼者）のうち90％以上の人は，的確な対応の仕方を説明すれば，法律相談に来た甲斐があったと考え，満足して帰る。その後，弁護士に依頼した方がよいと考える場面に至った場合には，また，法律相談に訪れる。30分で5,250円を払っても来た甲斐があったと満足して帰ってもらうことが大切。

　将来弁護士に事件を依頼した方がよいと思われる相談者（依頼者）には，名刺を渡すなどしておく。

　こういう相談者から事件を受任しようと考えて無理をしないこと。

検討 4-6　会社間の紛争になりかけた案件

（大手企業の子会社でコンピューターソフト，機器の販売についての事業（営業）譲渡に関連した法律相談の例）

　通常，この種の案件は，その会社の顧問弁護士に相談するものだが，相談者である会社には顧問弁護士がいなかった。

　その会社のある部門で，コンピューターソフト，機器の販売を手がけてきたが，部門ごと別の企業に営業譲渡することになった。ところが，販売する商品のソフトに欠陥のあることが判明し，顧客とのトラブルが続出。販売計画も大きく狂うこととなった。販売委託先の会社からは，約定に違反しているとして多額の賠償請求をしたい旨の書面が届いた。相談の趣旨は，販売委託先会社からの賠償請求が成り立つかどうか，賠償すべきであるとしてどの程度の金額が妥当か，営業譲渡先とのこれまでのやり取りと今後の方針は相談者の考えている方向でよいかどうか，というもの。

　第1回の相談で，相談者はあまり資料を準備していなかった。販売委託先会社からの損害賠償請求の内容は，事業化が順調に進めば将来的に得られたであろう利益を損害として算定したもので到底妥当な金額とは考えられないものであったため，そのことを指摘。営業譲渡先とのやり取りの経緯と今後の方針について何点かアドバイスした。相談者は，もう一度整理した上で相

談したいとの話。

　その後4か月経って，再度の相談希望。分厚いファイルに資料を整理・持参し，担当者を同行させて相談に訪れた。担当者から事実経過について詳しい説明がされた。販売委託先会社については，一部の会社について補償金の額を請求額から大幅に減額して合意し，支払った。残りの販売委託先会社との関係での損害賠償請求の正当性について，質問があり，改めて説明。営業譲渡先との関係で営業譲渡を完了する時期，引き継ぐべき事項に関する食い違いがあり，今後の交渉をする上での方針についての質問もあり，対応策について説明。

　このような案件は，その会社の業容や内部事情が分かっていないと，現状にマッチした対応策を打ち出すことが難しい。相談者が相談した案件を整理し，会社としての対応策を打ち出すことについて，不十分ながらアドバイスをすることにとどまった。相談時間は約2時間，相談料は3万円。

　相談者は，将来的に会社から依頼したい旨の意向を示し，その後も何度か継続相談に訪れたが，事件の依頼，顧問契約の締結までは至らなかった。さらにその後も別件での法律相談に訪れた。

(5) 弁護士の意見を聞きたいだけの人

ア　無理筋の要求を持った人，弁護士の権威を利用して自己アピールをしたい人

　相談者の中には，弁護士の意見を尋ね，自分に都合の良い結論だけを聞こうとする人がいる。

　無理筋の要求を持っている人や，他人に自己の正当性をアピールしたいために弁護士に相談し弁護士が話したことを自己の主張の正当性を裏付けるものとして利用しようとする人が多い。

　こういう人の法律相談は，内容の具体性がなく固有名詞を出すことを極端に嫌がったり，事件の内容のごく一部しか説明しない場合が多く見られる。また，事件の肝腎な部分を捨象して説明しているのではないかと感じられることが多い。

> **検討 4-7** 弁護士の意見を聞きたいだけの相談例

　相談者は，法律相談センターの法律相談に訪れた。その数日前にも相談に訪れ，別の弁護士に相談していた。
　話が冗長で内容を把握するのにかなりの時間を要した。
　内容は，相談者が経営している宿泊所の入居者同士のトラブルがあり，その一方当事者(A)からと思われる匿名の手紙が来たという。手紙を見ると，○○（トラブルの相手方）を解雇することを要求する内容が封筒に記載されているが，中身の書面には，宿泊所の従業員が近隣に迷惑をかけたことについて，宿泊所の経営者として，近隣に謝罪しろと書かれていた。そのトラブルがあった後，経営者は，他方当事者の（軽い）けがに関し医師の診断書をとらせている。Aが今後新たな動きに出る可能性も考えられるということだった。Aに対し，宿泊所を出て行くように言ったが，出て行こうとしない。宿泊費は（生活保護費の一部として）支払われている。
　この件でどういうことを相談したいのか，Aを出て行かせたいのか，Aがほのめかしている警察対応のことか，区との関係での問題か，Aやそれを支援する人から今後アクションがある場合の対応についてなのか，途中で何度も尋ねた。しかし，いずれの点についても自分の考えをとうとうと述べ，その事件の法律上の問題点や事件への対応の方針などを弁護士から聞きたいということでもないようだった。
　結局，いくつかの点について，相談者の話す内容を弁護士が了解し「支持しているという雰囲気」を確認したようで，弁護士の名前を（名刺で）確認して，相談を終了した。

イ　このような相談者への対応

　弁護士の意見を聞くだけ聞いて良いとこ取りをし，自分勝手に利用しようとすることがうかがわれる法律相談については，弁護士としての説明の片言隻句をあらぬ方向に利用されないように，発言を慎重にすること。
　弁護士からの説明の中では，できるだけ場面を限定した上で判断を示すようにし，無限定に，ある行為が正しい，あるいは，法律に違反するなどと言

わないように注意する。後々,「△△先生から,○○の請求ができると言われたのに,そうではなかった。」と,あらぬ言いがかりを付けられることもある。

　相談者の中には,明らかに誤った状況判断や法律判断をしており,そのことを指摘すると,以前,別の弁護士からそのように説明されたと言い張る人がいる。それなら,何故その弁護士に事件の依頼をしなかったのかと尋ねると,その弁護士は多忙で事件を受けられないと言ったとか,その分野の事件を取り扱っていないと言ったとか答える。多くのケースでは真偽不明であるが,中には,前提となる事実を十分に確認しないで弁護士としての判断を提供し,その結果が一人歩きしているのではないかと思われるケースもある。

　このような相談者には,相談者の主張が法律実務的に見て第三者に通用するかどうかを慎重に判断した上,相談者の主張が法律的に通る可能性が高いと判断される場合であっても,「仮に裁判手続になった場合,あなたの言い分を覆す証拠が相手方から提出されると,裁判所の判断は変わってきますよ。」とか,「あなたの言われることは,これこれの事実関係が前提で,その他にその判断を覆す事情がないことが前提ですよ。」などと慎重な言い回しで法律判断を提供すること。また,そのことを法律相談カードに記載し,記録に残して後日に備えるようにする。

第2 法律相談の進め方

はじめに

　法律相談を受けたとき弁護士は、①相談者が何について相談したいのか、法律相談から何を得たいのかを弁護士が把握した上、②相談者の説明と持参した資料に基づいて、その案件の事実関係を整理しつつ法律的な問題点（論点）を抽出し、③相談者に弁護士の判断の内容を伝え、必要に応じ、対応の仕方について説明・助言をする、という形で法律相談を進めていく。

　（弁護士の中にも、相談者の中にも、）相談者からの質問や疑問に応えて弁護士から説明をすることが法律相談である、と考えている人がいる。しかし、相談者からされる事実関係の説明は、弁護士が確認したいと考えることとはかなり食い違っているのが通常である。また、相談者からの質問も、その事案の本質から離れた質問であったり、そのまま答えるのは適当でないものが多い。

　法律相談は、法律問題に関する弁護士の「診断」（事案についての判断、その開示）と、必要に応じてする弁護士から相談者への「処方箋」の提供（説明・助言）を要素とする。弁護士がこれらを適切に行うためには、相談者から口頭の説明と持参した資料から必要な情報がもたらされることが必要となる。

　①相談者が相談しようとする内容の把握、②その案件の事実関係の整理と論点の抽出、③弁護士の判断・今後の対応についての説明・助言の仕方を理解した上で、法律相談を進めていく必要がある。

1 相談者が相談しようとする内容の把握

(1) 法律相談を受ける場合の全体としてのイメージをつかむ

法律相談がどのように進行していくのかをイメージし，つかむことが大切。

ア　離婚事件の相談を受ける場合の全体のイメージ

離婚事件の初回法律相談で聞くべきことの中心となる事実は，「なぜ，離婚しようと思ったのか。」とか「相手方が（離婚原因となる事実として）どういう態度だったのか，どういう行為をしたのか。」ということではない。相談者の中には，そうした思いを延々と語りたがる人もいるが，とりあえずは，その概略を一言二言語ってもらえばよい。

離婚事件では，
① いつ結婚したのか（同居の時期，婚姻届の時期）
② 両当事者の年齢，職業，収入，財産の有無
③ 子の有無，性別，年齢
④ 「離婚原因」は何か
⑤ 別居しているかどうか
⑥ 別居している場合，子どもはどちらにいるか，生活費（婚姻費用の分担）はどうしているか

などを聞きながら

⑦ 相談者本人の希望の内容（離婚を希望するか，財産分与を希望するか，子の親権者となることを希望するか，相手方に慰謝料を請求したいか）

を確認し，

相談者本人が弁護士に聞きたいと思っている

ア）（訴訟となり，判決に至った場合の）離婚の成否
イ）手続の流れや手続のやり方
ウ）子の親権・慰謝料・養育費・財産分与に関する考え方や相場，調停・訴訟となった場合に請求が認められる可能性，金額
エ）弁護士に依頼する場合の費用（弁護士報酬，実費）の額

等を答えていく。

「離婚原因」に関し，裁判所において離婚が認められるかどうかが微妙で

ある場合や事実関係について当事者間に争いのある場合は，離婚請求が認められるかどうかをめぐって詳細な事実関係を確認する必要のあるケースもある。しかし，こうしたケースでは，何回にもわたる打合せと，（本人の作成した）事実経過のメモ，それを裏付ける証拠などに基づいて事実関係の把握をしないと的確な判断をすることができないのが通常。初回法律相談では，離婚請求が認められるかどうか微妙な案件についてその成否を判断することは難しい。一般的な基準や判例の水準を説明するのが限度となる。

当事者の双方が子の親権者となることを希望している場合，離婚により子の親権者がどちらになるのかについての見通しは，双方の生活環境や，人柄，経済状態，子自身の希望などを勘案して，子の親権者としてどちらが適当であると判断されるかによるため，（初回法律相談の中では）容易に判断，説明をすることができないのが通常。

イ　相続相談の一例

相談カードの「相続・遺言」の欄に○を付けて相談に来た60歳の女性の事例。こういう事例であれば，弁護士が発問し最初から端的に聞いていく。

弁「どなたが亡くなられたのですか。」，相「母です。」，弁「いつお亡くなりですか。」，相「今年１月５日です。」，弁「法定相続人はどなたですか。」，相「私と弟です。」，弁「相続財産は，どんなものがありますか。」，相「○○区に土地があります。父が○○年に死亡したときに母が56坪を相続し，（腹違いの）義兄が34坪，弟が34坪，私が18坪を相続しました。他に預金が○○万円くらいあります。母が相続した土地に建っている建物の名義は弟の名義です。弟は母と同居していました。」。

弁「今回の相続で，どんな問題が生じたのですか。」，相「弟は弁護士を立てて，寄与分として2,000万円を払えと言ってきました。それを認めなければならないのでしょうか。」，弁「寄与分を主張する根拠としてどんなことを言ってきているのですか。」，相「弟は，父の亡くなった年から毎月５万円，その後７万円＋年20万円を母に渡してきました。名目上は給与としてですが，実質的には建物の名義を弟の名義として弟が住み，そのかわり，弟が母に生活費としてお金を渡すという約束でした。弟は母に地代を支払ってきていません。」。

弁「弟さんがお母さんに渡してきたお金の合計が2,000万円くらいになり，それが寄与分になると主張しているということですか。」，相「はい。話がつかないので，調停を申し立てようかと考えているのですが。弟に地代を請求することはできませんか。」，弁「調停を申し立てられたらよいと思います。争点となるのは，弟さんが主張する2,000万円の寄与分ですが，建物の敷地の地代を払ってきていないことや，前回の相続時にあなたよりかなり多く土地を取得していること，それらがお母さんの生活上の面倒をみるという条件で分割された結果であることなどを考えると，2,000万円の寄与分が認められることは容易でないと思われます。同居の負担，地代を払ってこなかったことをどう評価するかですが，今の段階で弟さんに地代を請求するのは，難しいと思います。地代を払ってこなかったことを含めて，弟さんの主張する寄与分が認められないことを根拠づけて主張して行ったらよいと思います。」，相「分かりました。また相談に来ると思います。」。

　実際はもっと細かなやりとりがあるが，大体こんな形で進行し，30分程度で相談を終える。

(2) 相談者が相談したいこと，法律相談から得たいことの概要をまず把握する

ア　相談カードの記載

　初回法律相談の多くの場合，相談者が法律相談カードに記載した内容から，ある程度，相談したい事項や相談者が法律相談の中から何を得たいと考えているのかをつかむことができる。

　法律相談カードは，法律相談の冒頭に渡されることが多いので，弁護士は，法律相談カードを見ながら法律相談を受けることになる。

　また，相談者の物腰や，服装，顔の表情，持ち物（荷物）なども，相談者の人となりや法律相談に臨む姿勢，社会的な常識をわきまえているかどうかなどをある程度判断する材料となる。

....

検討 5-1　法律相談カード

　法律相談を受ける場合，相談者に，相談カードの住所，氏名，年齢，職業，

電話番号と相談したい事項，以前に相談をしたことがあるかなどの欄の記載を求め，弁護士は，記載された相談カードを見ながら相談に応じるようになっている。

東京第二弁護士会の法律相談センターが現在使用している「一般法律相談カード」は，上記の項目以外に「法律相談センターをどのようにしてお知りになりましたか。」という項目がある。

東京第二弁護士会の相談カードは，相談者が相談したいことの内容については，記載するスペースが設けられていなかったが，最近，「本日受けたい相談の内容（簡単で結構ですのでご記入下さい。）」という欄が設けられ記載されるようになった。相談者が相談したい事項を1～2行記載できるようにし，それを見て相談に乗る形がよい。

相談者の人柄，その事案に関する理解度など，相談カードの記載は弁護士にとって有益な情報をもたらす。

……………………………………………………………

イ　相談カードのどこを見るか

法律相談の多くは，事案との関係で相談者の住所地が絡んでくるので，まず住所地を頭に入れた上で相談を開始する。

不動産をめぐる争い，建築紛争などは住所地に関するものが多い。投資詐欺なども住所地を舞台にしたものが多い。離婚事件などは，裁判所の管轄がどこになるかを住所地との関係で検討する必要がある。

相続や離婚などの事件は，相談者や関係者の年齢や生年月日を把握する必要性が高いので，生年月日に関する相談カードの記載は有益な情報源となる。

職業欄の記載は，「会社員」，「自営業」，「主婦」など抽象的な記載が多いので，あまり参考にならない。職業に関する情報はプライバシーに関する情報であり，自ら詳細を開示する人は少ない。特に必要でない限り，職業の詳細は聞かない。

相談内容は，「婚姻・家族」，「損害賠償」などの項目に〇をつけ，「本日受けたいご相談の内容」を任意に記載することになっている。相談者が記載したところを読んでみると，関係のない項目に〇をつけたり，相談を受けた内容からすると的外れな希望を書いていたりするが，相談者本人の気持ちは伝

わってくる。

ウ　法律相談の内容をどうやって把握していくか

　相談者は，通常，相談の内容を弁護士に早く伝え，弁護士にそれを理解して欲しいと考える。

　同時に，相談者が最も明かしたくないプライバシーに関する事実を，できれば言いたくないという気持ちを持っている。しかし，相談される事案を正確に深く理解するためには，相談者が明かしたくないと考えている事実のいくつかについて弁護士に開陳してもらうことが必要不可欠なケースが多い。相談を受ける弁護士は，相談者の，このような一見すると矛盾した感情を理解した上で，法律相談に入っていく必要がある。

　<u>その事案を正確にかつ深く理解するため相談者から開陳してもらう必要のある事実は，弁護士が相談者との間合いを計りながら，端的に聞いていくの</u>がよい。私は，相談の流れを見ながら，最小限度の事実関係と相談者の立場などは，なるべく早い段階で（相談者に聞いて）確認するようにしている。それによって，相談の方向性やどこまで説明するかといった内容が大きく変わってくる。

　通常の初回市民法律相談は，相談時間として30分間を予定しているので，最初の2～3分で，相談者の相談したいこと，法律相談の中から得たいと望んでいることの概要を把握し，法律相談の具体的中身に入っていき，相談者の希望・意見を聞きながら，問題点（論点）がどこにあるのかを明確にしていくようにする。

　相談カードの記載などからは相談内容が分からないときは，「どんなご相談でしょうか。」と聞いていく。相談カードで，相談の項目の「金銭」欄に○をしている人であれば，「金銭問題。どういう問題ですか。」と聞いていくこともある。

エ　相談者が相談するために作成してきたメモ

　相談者が相談をするために，事実経過や当方の言い分をまとめたメモを作成・持参することがある。法律相談を申し込んだ段階で窓口の担当者からメモを準備した方がよいと言われ用意する例もある。法律相談の最初の段階で「メモを作ってきましたので見てください。」と言われることが多い。

相談者が作成したメモの中には，要領よく事実整理がされ，問題点がまとめられているものもあるが，多くは，肝腎な事実が記載されていなかったり，相談者の思いのほどが書き連ねられているものの問題の所在からは遠く離れていたりして，あまり役に立たない。長々と書かれたメモは，焦点がぼやけてしまっていて，相談の場で時間をかけて読むだけ無駄，と思われるものが多い。また，メモにそって相談を進めると，なかなか本論に入れず事案の本質から遠く離れた事柄についてのやり取りを重ね，結果として肝腎な点について十分なやりとりができなかったり，焦点がぼやけた法律相談のまま終わってしまうことになる。

　相談者が相談の最初の段階で相談者の作成したメモを出してきて読んで下さいと言ってきた場合，簡単なメモであればざっと目を通した上で相談に入ってもよいが，長文のメモについては１頁目にざっと目を通す程度にし，弁護士がその事案において聞いておきたい点を端的に聞いていく方がよい。弁護士が事案の概略とその事案における論点を把握した段階で，必要に応じ，メモの記載内容を検討することもある。

(3) どうやって相談に入っていくか
ア　弁護士が主導して質問をしていく

　相談者が相談したいことの内容が相談カードの記載などから全く分からないケースもあるが，大多数の法律相談は，相談カードの記載内容や相談者の相談内容についての最初の一言から相談したい事項を知ることができる。

　相談する事項が分かれば，可能な限り，弁護士から要領よく質問をし，相談することの概要を聞いた上，徐々に具体的な相談の内容に踏み込んでいく。

　相談カードの記載からは相談の内容が分からないこともある。

　相談カードに「隣人のこと」と記載されているだけの場合は，どういう法律問題であるのか分からないことが多い。「隣人とはどなたのことですか？」と聞いてみたり，「隣人とのどういう問題ですか？」と聞いてみたりするが，相談者の説明によって問題の所在がすぐに判明することは少ない。（土地の境界の問題，騒音，ゴミ出しをめぐる問題などの）相隣関係の問題，金銭の貸し借り，ストーカー被害の問題など様々な問題があり得る。こうしたケース

では，2～3分間は相談者の話を聞きながら，辛抱強く，どういう問題であるのかを絞っていく必要がある。その場合，「相手方」が誰であるのかを特定し，はっきりさせることが一つのポイントとなる。相手方が特定されたときは，相手方の何が問題であるのかを聞いていく。

相談者は相手方に対し強い悪感情を抱いているが事実関係の整理が全くできていないような場合，時間を費やして法律相談を受けても，法律上の問題点（論点）が最後まで明確にならないこともある。しかし，その場合でも，弁護士が適切にリードして事実関係を聞き問題点を抽出していく作業を進めることによって，相談者本人は多少なりとも自分の考えを整理していくようになる。

相手方は誰か，相手方とのどういう問題についての相談なのかをつかめば，その種の事案について，次に何を（どういう事実を）確認するべきかが分かってくる。弁護士がその事案を相談者との共同作業で整理するという観点に立って，弁護士がその事案の事実関係と法律問題を理解し判断できるよう，法律相談を進めていく。

イ　離婚の相談

例えば，相談の項目の「離婚」欄に○をしている人であれば，「離婚のご相談ですね。」と確認した上で，相談者の雰囲気を感じ取りながら，「○○さん（相談者）が離婚を考えておられるのですか？」，又は，「旦那様と（奥様と）もう，離婚の話はされているのですか？」と聞いていくことが多い。離婚の法律相談は，どちらが離婚を求めているのか，（調停や訴訟などの）手続がどうなっているのかにより，相談の枠組みや弁護士の説明，回答の仕方が大きく異なるので，相談開始後の早い時期にそれを把握するようにする。

相談に入った後，「最初に概要をお聞きしたいのですが，」と切り出し，結婚をした時期（○年前），相談者と相手方の年齢，子どもの有無（人数，年齢），現在同居しているかどうか，離婚に関する話はされたか，調停や訴訟の手続に入っているか，などを聞いて押さえた上で，どちらが離婚を求めているか，（端的に）離婚を求める理由は何か，を聞いて確認していく。

こうして概要を押さえたら，相談者が離婚を求める理由や相手方が離婚を求める理由を（少し詳しく）聞き，依頼者の希望を聞きながら，子どもの親

権（養育費），婚姻費用の分担や財産分与，慰謝料請求などについて，相談者からの要求内容と相手方からの要求内容を聞き，相談者が今後とるべき措置や対応策についての話を深めていく。

　相談者の中には，離婚を考えるに至った事情（離婚を請求されるに至った事情）の肝腎の部分を語ろうとしない人もいる。外形的な事実を押さえて聞いていくと相談者も冷静に話をしやすいので，離婚原因に関する弁護士からの端的な質問に対しても答えやすくなる。

　法律相談の最初の段階で「どうして離婚したいのですか。」，「（夫婦間で）何があったのですか。」と聞いていくと，相談者の思いのたけや詳細な事実が断片的に語られてしまい，弁護士はその夫婦関係の概要を把握できないまま相談が進んでしまうので，まず概要をきちんと把握した上で，そうした中身に入っていくこと。

ウ　交通事故による損害賠償請求案件の相談

　例えば，事故による損害賠償請求の事案であれば，次のように聞いていく。

　弁「交通事故ですか。」，相「はいそうです。」，弁「事故に遭われたのは○○さん（相談者本人）ですか。」，相「そうです。」，弁「相手方は車ですか。」，相「そうです。」，弁「○○さんは？」，相「自転車でした。」，弁「その事故はいつあったのですか。」，相「今年の6月18日です。」，弁「その事故でけがをされたのですか。」…と徐々に具体的な内容へと入っていく。相談者がメモや事故証明書を持参している場合であっても，重要な点は聞きながら確認していくことが多い。

　事案の概要を把握するため，まず，事故発生の時期（日時），事故の概要，当方のけがや物損の概要，相手方の対応などこれまでのやりとりの概要を聞き，警察への届出，事故証明書の有無などを確認しながら，全体像を把握しつつ問題点を絞っていくようにする。

　過失相殺の割合が論点となる事案であれば，保険会社の判断は出ているかどうかを確認し，事故状況を示す図面などもない状況であれば事故の態様を図面に記載してもらうなどし，論点を詰めていく。損害額（の範囲）が問題となる事案であれば，事故後の診断書や物損に関する保険会社の査定の状況，支払った診療報酬の明細（領収書）などを確認していく。これらの資料が一

部しか取れていなかったり，治療を継続しているときは，治療の見通しを聞きながら，損害額を確定するために今後収集するべき資料を指示したりする。

後遺障害の有無，程度が問題となる事案であれば，医師の診断書，後遺障害の等級（に相当する医師）の診断や保険会社の判断・認定を（できるだけ書面で）確認し，聞いていく。後遺症の診断もされていない段階であれば，当面は治療を受けることを第一に考えて対応するとともに，症状固定の時期に，医師の後遺障害に関する診断書を書いてもらうよう説明する。

エ　建築工事に関連する相談

法律相談が建築工事請負契約に関する事案であれば，まず，新築か増改築か改装工事（リフォーム・補修など）かを確認する。その他，擁壁の工事，建物の取壊し工事，土地の開発計画に関連する土木工事など特殊な工事もある。

建物の工事であれば，内装，外装，躯体，基礎，設備・備品など，どういう種類の工事であるのかという点と，おおよその工事規模（金額）を確認していく必要がある。新築工事の場合は，内装，外装，躯体，基礎など各種の工事が総合的に組み合わされているものが多い。

契約書を持参している場合はそれを見ながら，建物の床面積，構造（木造，鉄骨造など），工事金額（概算），工事が行われた時期（今後の予定），完成引渡しがされたかどうか，工事代金は（どの程度）支払われたか，をまず押さえ，その上で，どういう問題が発生したのかという点に入っていく。

追加・変更工事があり，その内容，金額，施工状況などが問題となる場合は，追加変更工事の内容を見積書，追加変更工事に関する合意書などで確認し，実際に施工されたかどうかを確認していく。

土地利用権が問題になる案件では，登記簿などにより所有者を確認したり，借地契約の契約書を確認したりする。建物に関する建築基準法などの規制に絡む問題であれば，敷地の面積，敷地の建ぺい率，容積率，その他建築基準法の規制の内容を確認した上，建物の設計図を見ていく。敷地の接道に関する図面，建物の配置図，斜線制限の内容と図面上の表示，敷地境界線に関する図面上の確認などをする。

どういう問題が発生しているのかを聞きながら，その問題と関連する設計

図書，施工状況を示す写真，工程表，見積書など客観的に確認できる資料に当たり，問題点の内容や程度，問題点が発生した時期などを絞り，明確になるようにしていく。

建築工事の施工不良や建物（工事）の瑕疵、工事が完成したかどうか（未施工部分がどの程度あるか）などの問題が生じている場合，施工状況を示す写真や図面，工事業者や第三者である建築士の報告書などから施工状況を判断していくことになる。「施工不良の箇所が多数ある。」という場合は，問題箇所の主要なものいくつかを聞き確認していく。ただし，写真などから施工状況を判断できる場面は限られているので，（1回の）法律相談では，多くの場合，相談者の言い分と業者の言い分を確認し，今後どのようにそれを明らかにしていくのかその方向性を明らかにしていくのが限度となる。

オ 金銭消費貸借に関する相談

「金銭消費貸借契約」に関する事案であれば，貸主は誰か，借主は誰か，貸主と借主とはどういう関係にあるのか，貸し渡された年月日と金額，返済に関する期限などの合意内容，金利・損害金の約定の有無や内容を聞いていく中で，事業者と個人との間の契約であるのか，個人間の契約であるのか，金銭の貸し借りだけの問題であるのか他の問題と絡んでいるのかなどを確認する。単純な金銭消費貸借の問題として整理するのか，他の問題と関連させて法律問題を整理するのかを区分けしていく必要がある。

相談者が持参した金銭消費貸借契約書，領収書，請求書，返済に関する合意書などを見ながら確認する。また，貸主と借主との関係，相談された金銭貸借以外に何らかの関係があるのかどうか，保証人はいるか，物的担保は提供されているか，金銭貸借後のやりとり（一部返済や返済期限の延長など）などを必要に応じて聞いていく。

事案の概要を把握したら，現にどのような問題が生じているのかを聞き，その問題に関連する事実を，なるべく客観的に裏付けられる資料を確認しながら詰めていく。

金銭の授受そのものが争いの対象となる事案であれば，書面上の金額と実際に送金，交付された金銭の額と時期を一つ一つ詰めていく必要がある。弁済期，利率，弁済の事実をめぐる争いであれば，それらを一つ一つ，証拠資

料があるかどうかとともに確認し，詰めていく。

　相手方との継続的な人間関係の中で金銭のやりとりがされ，金銭のやりとりをめぐる争いと同時に人間関係をめぐる争いとなっている場合は，金銭の授受の意味付けを確認していくため，継続的な人間関係そのものをとらえ直す必要があることも多い。その場合は，相手方との人間関係そのものについて，基本的な事実確認から行う。

カ　手順を踏まない相談から生じる問題

　以上のような手順を踏まないで，最初から相談者の言いたいことを言わせると，相談者の関心のあるところに説明や質問が集中してしまう。その結果，弁護士はその事案を正確に把握することができないまま相談が進行する。また，相談者自身がその事案の性質や内容を冷静に理解することができなくなる。

　また，最初の段階で相談者が聞きたいことを突っ込んで質問させてしまうと，弁護士が判断し回答できる条件ができていないのに，質問→回答→さらなる質問→回答，が重ねられることになる。その事案において本質的な論点を弁護士と相談者の共同作業により検討する必要があるにもかかわらず，本質的な論点の検討に入れないままとなる。

　法律相談は，相談者からもたらされる，その事案に関する情報を弁護士が受けとり，整理し，論点を抽出した上，その事案の解決に向け，弁護士からの説明，教示，提案などが行われるものであることを理解すること。相談者からもたらされる情報のうち何が重要な情報であるのか，正確な事実関係はどうなっているのか，相談者はどういう立場にあるのか，を弁護士が早く，深く，正確につかめるよう，きちんと手順をふむことが重要となる。

　事実関係の（概要の）聞き取り，確認は，その事案の内容を判断する上でまず必要となるものであることを理解し，その手順，段取りをどのようにするのか，工夫していくことが大切。

2 法律相談における事実関係の整理，法律問題の抽出

(1) 聞くべきことを聞き，聞くべきでないことを聞かない

ア どういうことを聞く必要があるか

30分から40分程度という短時間の法律相談で，相談者の話から事案の内容・相談者が何を求めているかを把握し，事実関係と法律上の論点を整理しつつ，その事案についてどのような対処をすべきかを説明するため，短時間のうちにその事案の内容を正確に把握しなければならない。

例え相談時間に1時間を予定した相談であっても，主要な相談の内容については，短時間のうちにその事案を把握し，法律問題を抽出するように工夫する。

弁護士から，相談者に対し，聞くべきことを聞きながら，資料を持参しているかどうかを確認し，資料を持参している場合はその資料を見て事実関係を確認し，弁護士からさらに聞いていく。

ア) 契約関係であれば契約の日時，約定の履行時期，金額，目的物や履行すべき義務の内容など主要な事実を早い段階で確認する

イ) 契約書，戸籍謄本，領収書など事実関係を確認できる書面があるかどうかを確認しながら，できるだけ書面により確認する

ウ) 相談者の話す事実関係から法律上の争点となるべき事実が出てきたときは，争点となる事実関係の確認をする

エ) 相談者がその事案に関し何を求めているのかを（必要に応じ）言葉で説明してもらう

イ 聞くべきでないことを聞かない

弁護士からは，相談者に聞くべきことを聞く一方で，聞くべきでないことを聞かないことも大切。

ア) 瑣末な論点や本筋から離れた事実関係

その案件について，相談者が主要な事実や争点ではなく瑣末な論点や事実にこだわっているような場合，瑣末な論点や本筋から離れた事実関係を聞いていくと相談者の関心がそちらに流れてしまい，主要な論点や事実関係がぼやけてしまう。瑣末な論点や本筋から離れた事実関係を聞

くことは（少なくとも，本筋の話が終わるまでは）しないようにする。
　イ）相談者の身分関係，職業や社会的地位，思想信条などは，事案の内容から判断し，聞くべきときは聞かなければならないが，そうでない場合，不用意な聞き方をしない。
　ウ）相談される法律問題や事実と関連性の薄い事実関係は，相談を受ける時間の配分などを考え，聞かない方がよいことが多い。主要な事実関係，法律問題の検討を経た後，必要な限度で聞いていく。
　エ）事件の受任を依頼されることが予想され，相談の途中の段階で，その事案，その相談者の事件を受任するべきでない，あるいは，事件の筋や相談者の姿勢などから事件を受任するのは難しいと判断されることもある。そのような場合，不必要に深入りした質問をしない。
　オ）相談者が他人の法律問題を相談する場合や，他人の立場についての質問をするような場合がある。最小限の応答をしてその他人からの相談につなげるようにしたりする。相談者が話す「他人」（事件の本人）に関する事実については，深入りした質問をしないようにする。

(2)　どの程度の時間をかけて相談者の言い分を聞くか
ア　相談時間の取り方

　相談者の言うことをじっくり聞いて丁寧に答えようとする弁護士の中には，10分間でも20分間でも，相談者に自由に話をさせて，それから弁護士が具体的な発問をし，弁護士からの説明をするという進め方をする弁護士がいる。しかし，このような相談の進め方をすると相談の時間として1時間は必要になってくる。また，肝腎の事実関係を確認することもできないまま相談が進行することが多い。

　相当に複雑な事案で法律上の論点がいくつもあるようなケースは別として，初回法律相談では，弁護士は，短時間のうちに，相談者が相談したいこと，相談の中から得たいと望んでいることを把握する必要がある。

　相談者は，自分の言い分を弁護士が聞いてくれることとともに，弁護士からの説明や判断の内容を聞きたいと考えて法律相談に臨んでいる。相談者の言い分を聞くだけ聞いても，弁護士の回答，説明が的を射ていないと，相談

者は，法律相談に来た甲斐がなかったと感じる。

　30分間の相談時間であれば，弁護士からの説明，その説明に関する相談者からの質問についての弁護士の追加説明が相談時間の半分以上を占めるのが通常である。

　法律相談を受ける中で，弁護士が提供するべき判断やその説明に十分な時間を費やすことができるよう時間配分を考える。

イ　前提事実や事実関係の確認を要する法律相談

　法律相談の内容によっては，前提となる制度や事実関係を具体的に確認しないと法律的な判断のできないものがある。法律的な論点がいくつもある案件の相談や専門分野にわたる相談などに多い。このような相談に対応するには，事実関係の整理を，法律上の論点を抽出するために，きっちりと素早く行う必要がある。

　前提となる事実関係を確認した上でないと，相談者の言い分を聞いても，確たる回答や説明ができないことが多い。相談者の話す言い分は，問題点の所在を知る手掛かりにはなっても，問題点（法律上の論点）を明らかにしそれを判断する根拠とはならないのが一般的である。

　事実関係を確認し整理するためには，その案件でポイントとなる事実が記載された資料を見ながら事実関係を押さえていくのがよい。相談者の事案に関する説明からは明確にならない事実も，ポイントとなる資料を確認していくと全体像を明らかにしていくことができる。

　事実関係が複雑で法律的な論点がいくつもある案件については，いくつもの論点について，順次，事実関係を確認していく必要がある。その事案の全体に関わる相談を30分間で行うことは難しい。法律相談の冒頭又は途中で，必要に応じて，相談時間が相当（例えば，1時間程度）かかることや相談時間延長の費用について説明することもある。

　事実関係が複雑であって，確認を要する点がいくつもある案件では，それらのうち少なくとも主要な事実を押さえた上でないと，確たる法律的な判断をすることができない。そのことを相談者に話しながら，事実関係の確認をしていくことになる。

検討 6-1 隣接土地の所有者（従兄弟）に憤る相談者の例

　法律的な判断をする上で必要な資料を相談者が（十分に）持参しておらず，その案件についての的確な判断をすることができない場合がある。
　そうした場合には，確認できる事実に基づいて一応の判断をし，相談者のその後の対応を待つしかない。
（相談例）
　40歳代の男性相談者の例。相談者は，千葉県内の母親の所有する土地・建物（相談者自身も居住）についての法律相談に来た。
　隣接する土地・建物の所有者（相談者のいとこ）がその土地を売却しようとし，いとこからの依頼を受けた仲介業者から接触があった。それへの対応の仕方，いとこへの責任追及について弁護士の判断を聞きたいと考えた。
　相談者の説明によると，2筆の土地は，元々祖父の土地で，相続により分割し，道路に近い方の土地を父の兄（その後，いとこが相続），道路から遠い方の土地を父（その後，母が相続）が取得した。いとこの建物は，両土地の境界線からはみ出して建てられており，母の土地がいとこの負債（建物建築工事代金のローンか）の担保にされている。境界と建物の位置関係がはっきりしないので昨年秋測量をした結果，いとこ所有の建物が境界をはみ出していることが確認された。測量図（実測図）には当方の署名，押印をしていない。いとこは，この土地を売りに出しており，仲介する不動産業者が当方に接触してきている。いとこ（の父）が境界線を越えて建物を建築したことの責任を追及したい。また，母の土地がいとこの負債の担保とされていることについて，いとこの責任を追及したい，いとこの建物の裏の出入り口付近に塀を作るなどして当方の土地への出入りを禁止したい…とのこと。
　土地と建物の位置関係を示す図面を見ないと判断のしようがないので，土地の図面を持っているかを聞いたところ，図面を出してきたが，簡単な見取り図程度のもので，細かな位置関係が判然としない。母の土地が担保に供されているというが，登記簿謄本なども無く，その内容を確認することができない。
　弁護士から，このような案件では，事実関係を資料に基づいて確認しない

と正確な判断をすることができないことを伝えたが，相談者は，境界線を越えた建物の建築など，いとこの非をあげつらい，弁護士の回答を求めた。

限られた資料から推測して判断するほかないため，そのことを断りつつ，
① いとこの建物が境界線を越えて建築されているのは，ほぼ旧建物の位置に再築したためと思われ，現建物の建築確認申請に際し，当方の土地の一部について，いとこ側の建物の敷地として利用することを承諾したのではないかと思われる。
② いとこの土地・建物に設定されたローンの担保と母親の土地の担保権の被担保債権が一つのものであるならば，母親の土地（の一部）をいとこの建物の敷地として利用することを承諾したことに関連している可能性があり，敷地として利用することの承諾とともに，担保に入れることも承諾してしまっているのではないか。
③ いとこが土地・建物を売却しようとしているならば，仲介業者は，境界の確認などをしようとしているものと思われる。
④ いとこの土地に現在ある古家を壊した上で売却するのであれば，境界線を明確にし，（はみだした部分の）建物を取り壊すこと，母親の土地に設定された担保権の登記を抹消することなどを求めるべきである。現況建物の敷地となっている部分の土地を，そのまま利用することを認めてしまわないように注意する必要がある。
⑤ 現在接触しようとして来ている不動産業者と接触したくないのであれば，この件は紛争案件であり，不動産業者が一方当事者の代理をすることはできないことを主張して，接触を拒むこともできる。
⑥ 登記簿謄本の取り寄せなどにより，事実関係をきちんと確認した方がよい。

などを説明した。事実関係を裏付ける資料をほとんど見ることができない状況であり，主として口頭の説明内容から推測して事実関係の判断をし，回答せざるを得なかったため，相談時間は45分程度を要した。

法律的な判断をする上での前提となる事実関係がこのように不確かな案件では，的確な法律判断をすることは難しい。そのことを相談者に分かるように伝え，必要なときは，事実関係を確認し，またその資料を持参して，再度，

法律相談を受けることを勧めるなどする。
　このケースでは，その後，2回ほど，弁護士を指定して相談に訪れた。登記簿謄本の取り寄せ，公図に準ずる図面の確認，実測図の確認などから，初回の法律相談において弁護士が推測したとおり，いとこ所有の現建物の建築に際し，当方の土地（の一部）を分筆し，分筆した土地を相手方の敷地に加えて建物を建てることの承諾と，担保に提供することを承諾していたことが裏付けられた。
　相談者もいとこが勝手に当方の土地を占有使用していると主張することは難しいと判断せざるを得なかった。相談者から，いとこや不動産業者との交渉等について，事件を依頼したいとの意向が示された。

ウ　自分の筋書きに沿って相談を進めようとする相談者
　相談者の中には，自分の筋書きで法律相談を進めることを考え，強引に，長々と事情を説明しようとする人がいる。こうした人の多くは，事案の概要や相談したいことの内容を整理して説明することができず，いたずらに時間を費やすことになる。
　私の場合，相談者がとにかく説明し話したがっている場合は，数分間は話を聞くようにしているが，それでも肝腎の部分の説明に入ってこない場合には，こちらから質問をし，まず結論的な部分を聞くことがある。弁護士から，その事案の状況の核心の部分や相談したいことの結論の部分を聞く場合，相談者のそれまでの話から判断し，その案件の核心をついた質問をすること。大抵のケースでは，そこから本論に入っていくことになる。
　相談者によっては，弁護士が核心をついた質問をしているにもかかわらず，「私のいうことを最後まで聞いて下さい。」とか，「口をはさまないで下さい。」などと弁護士の話を聞こうとしない人もいる。こういう人の多くは，思い込みが激しく，自分の思い通りの方向に話が行かないというだけで怒り出し，自分に都合の良い結論が得られない場合は，不満たらたらという態度を示す。
　弁護士の中には，こうした相談者にはなるべく逆らわないようにし，相談者の言い分を聞くだけ聞いて，結論のみを回答（説明）し，相談を終える弁護士もいる。しかし，こうした相談者の中には，自分が勝手に大部分の時間

を費やしたにもかかわらず，弁護士の回答，説明が不十分であるとして，「金を払って相談に来ているのに，弁護士がまともに相談に乗らない。」と言って怒り出し，相談料を返せと言う人がいる。また，相談者が自分の言い分をしゃべるだけしゃべり，弁護士がその内容について結論を述べない場合，後になって，弁護士が（相談者の言うことを否定しなかったのだから）それを認めたのだ，とけん伝されることもある。

　私は，このような相談者に対しては，ただ１回の相談であっても，精力を注いで，その言い分を整理し，相談者の意に添わない内容であっても，弁護士として言うべきことを言う（説明する）ことにしている。

検討 6-2　６年前に購入した建売住宅についてのクレーム

（40歳代男性の相談とクレーム）

　相談者は，６年ほど前に建売りの住宅を購入した。モデルハウスは壁面が赤系統の色であったのに，実際に引渡しを受けた建物の壁面は白だった。建売業者に色を塗り替えることを求めたが，業者が応じなかったので，自分で別の業者に依頼し，壁面を赤系統の色に塗り替えた。今から３年２か月ほど前，建売業者を被告とし，弁護士に依頼して，塗装費用（70万円弱）の支払を求め訴訟を提起したが，自分が訴訟の期日に欠席したことなどから依頼していた弁護士が辞任し，敗訴判決がされ（今から２年３カ月前），この判決は確定した。しかし，この裁判の手続において，建売業者は内容をねつ造した証拠を提出した。また，建売業者に請求したにもかかわらず，建築確認の確認済証を交付しないままである。建物が十分な耐震性を有するかどうかも疑問である。これらによって，自分は大きな精神的苦痛を味わっている。建売業者に対し慰藉料の支払を求め損害賠償請求の裁判を提起したい。建築問題に詳しい弁護士で，訴訟を受けてくれる弁護士であると紹介されてきたので，事件を受任して欲しい。建売業者には，社会的な責任を取ってもらいたい…というのが相談の内容。

　相談者は，塗装費用を請求した件に関する訴訟の資料をほとんど持参していなかった（敗訴した判決書は持参した。）。ねつ造したという証拠の内容は明確ではなかったが，事実経過に関し建売業者側でまとめたものが事実に反す

るという主張のようだった。「ねつ造」に関する資料も持参していなかったため，その内容を正確に把握することは困難だったが，既に，その訴訟を提起した時点で相当の期間が経過しており，更に，敗訴判決が確定して２年余の期間が経った後，実質的にその判決（訴訟の内容）を覆す主張を立てて訴訟を提起することは，到底無理であろうと思われた。

　弁護士からは，今後の問題として，建築確認の確認済証の交付を求めることは考えられるという判断を提示した。それ以外では，建築士に依頼して建物の診断を受けるなどし，耐震性について建物の瑕疵が原因であると判断される場合に，その瑕疵に関して修補請求，損害賠償請求をすることの可能性があり得るか，というのが限度であると思われた。

　以上の判断を示し説明したが，相談者は，「依頼したいというのに何故受けてくれないのか，泣き寝入りするしかないのか，こんな社会的な不正義は許せない。」としゃべり続け，納得しない。45分間が経過し，「これ以上お話することはありません。」，「次の相談者がお待ちですから終わりにして下さい。」と言っても席を立とうとせず，「（自分は）どうすればよいのか，泣き寝入りしろと言うのか。」といった話を繰り返した。弁護士の判断の内容を繰り返して述べ，１時間が経過した頃，ようやく相談を終了した。

　相談者は，その後，受付へ戻り，事件を受任してくれる弁護士を紹介しろと迫り，受付担当職員は，そのような弁護士を紹介することはできない旨を回答して，また一悶着あった。

　相談者は，法律相談センターのアンケートに，弁護士の態度，相談への対応に関する点の回答で，弁護士の対応は最悪の評価であると記載し，「相談者の言うことをまったく聞こうともせず，一方的に弁護士の意見を押しつける態度だった。」と記載した。

....

(3) 事実関係の整理と論点の抽出

ア　事実関係を確認しつつ整理していく

　法律相談を受ける中で，弁護士は，その事案の事実関係を整理し，法律的な判断の材料にする。

事実関係を整理していくときは，可能な限り，相談者にも分かるように，一つずつ事実を確認しながら整理していくのがよい。それを体験することにより，相談者自身が，事実関係を整理できるようになっていく。法律相談の中で事実関係の整理をしていくことは（多かれ少なかれ）相談者と弁護士との共同作業となるのが一般的である。弁護士がこうして事実関係を確認していく過程で，相談者自身が事実の内容を確認し，重要な事実を初めて認識した，というようなことも珍しくない。

　弁護士が相談を受けながら事実関係を整理し，それを相談者に伝え（相談者が理解するようにし），その上で，弁護士のその事案に関する判断と今後の方策（とるべき方策）を説明すると，相談者は自分が置かれた状況を自ら認識し，また，どうすればよいのかを身をもって理解することとなる。

イ　契約をめぐる事案の事実関係整理の仕方

　契約をめぐる事案であれば，①契約そのもの（合意は成立しているか，書面による契約か，口頭の契約か），②契約の関係者は誰々か（当事者，保証人，代理人，履行補助者，家族など），③契約の目的（何を目的とした契約か，物の給付か，サービスの提供か），④当事者の権利義務の内容（双務契約であれば，双方の義務の内容，相手方の義務との関係），⑤代金の弁済期や義務の履行期限など，契約そのもの（契約書の記載）とそれに対応すべき現実の状況は合致しているか，どこが合致していないのか（どういう契約責任＝債務不履行など，が生じているのか）を確認することがまず必要となる。

　その上で，縦軸に見た時系列の流れ（契約締結の時期，履行の進捗状況，契約の期限，交渉の経緯など）の確認と，横軸に見た関係者間の利害関係や法律関係の確認により事案全体の事実関係を整理していく。

　契約上の債務の不履行が問題となる事案であれば，債務（義務）の内容，全く履行されていないのか，一応の履行はされているが不完全履行かどうか，双務契約である場合は対価関係に立つ他方当事者の義務は履行されているか，などの事実を整理していく。当方と相手方の主張を左右対照の表に記載して整理する場合もある。

　相談者の立場や，相談者の聞きたいこと，希望していることを多少聞いていくと，事実関係の整理の仕方も明確になってくる。

各種の事案ごとに、事実整理の仕方は共通しているので、事実整理のやり方に習熟していくことが大切。

ウ　論点の抽出

その事案において法律上問題となる点であると同時に、<u>相手方と争いとなっている点の法律上のポイント、その事案において明らかにし紛争を解決していくため必要となる法律上のポイント</u>が論点となる。

法律相談を受けたとき、事実関係の確認と整理をしつつ、何が論点であるのかを抽出していく。

例えば、交通事故の事案であれば、事故原因（双方の過失割合）と損害額（逸失利益の算定、後遺障害の有無・程度、医療費の範囲）など複数の論点があることが多い。遺産相続、遺産分割の案件であれば、相続財産の範囲をめぐる争いと一部の法定相続人の寄与分・特別受益の範囲が同時に論点となるケースもある。

その論点における当方の主張の裏付けとなる証拠はどういうものがあるかを見ながら、法律相談では、その論点における当方の主張の正当性や妥当性について一応の判断をする。また、予想される相手方の主張やその裏付けはどの程度であるのかを検討し、その論点について当方の考え（主張）がどれくらい通るものであるのかについて、一応の判断をする。

相談者に対し、相談された案件の「論点」を相談者自身が理解できるように伝え、相談者自身何が論点であるのかを把握できるようにする。

また、抽出された論点について、その場に表れた資料・証拠以外にどういう資料があると考えられるか、今後どういう資料、証拠を収集する必要があるのかなどを検討し、必要に応じ、相談者にそれを説明したり、なるべく具体的に、（これこれの）証拠・資料を収集するよう教示したりする。

3　相談者が相談をする目的に応じた対応（法律的な判断の開示や説明）

相談者が法律相談によって何を得ようとしているのか、また事件を依頼しよ

うと考えているのかにより、弁護士の対応の仕方は大きく異なる。相談者がその相談において求める内容に即した対応をする。

前記第1の4「相談者の期待する内容、タイプによる対応の仕方」を参照のこと。

(1) 訴訟の被告、調停の相手方とされた場合の対応
ア　既に訴訟や調停となっている場合の一般的な対応

訴訟事件の被告や調停の相手方とされた相談者が、訴状や期日呼出し状などを持参して相談する場合がある。

訴訟を提起された場合であれば、訴訟に至った経過の概要、どういう事案であるのか、相談者と相手方とはどういう関係にあるのかを、まず確認する。その上で、依頼者が持参した訴状を弁護士が読んだ上、訴状に記載された事実と原告の主張から主要な論点となるものを中心に、相談者の認識を聞きながら事実確認をし、原告の主張に対する意見や考え方を聞いていく。重要な事実関係については、答弁書における認否をすることを想定し、否認するべき事実かどうか、争いのない事実かどうか、知らない事実かどうかを確認し、また、抗弁事由となる事実（反対の主張となる事実）があるのかどうかを聞いていく。

書証については、相談時間に余裕があるときは、事実関係を確認する中で必要に応じその内容を見て、相談者がその内容を認めるのか、書証そのものの成立を争うのかを判断できるようにその位置付けを説明しておく。

期日の日程が迫っているかどうかを確認し、第1回期日に出頭すること、事前に答弁書を提出するべきことを説明し、答弁書を作成するために必要なことを教示するなどをしていく。期日が迫っているような場合は、答弁書の書き方を教えたり、最小限度の記載をした答弁書の案をその場で書いて交付するようなこともある。

調停事件は、何に関する調停であるのか、申立人が求める調停の内容を確認し、積極的に調停手続に対応し当方の主張を提出していくのか、調停手続には出頭し申立人の言い分を聞いた上で対応の仕方を判断するのか、調停そのものは不成立とさせる方向で対応するのかなど、対応方針を相談者自身が

判断できるように説明する。

　相談者が弁護士に事件を依頼する意向を示す場合には，受任できる案件かどうかを判断し，受任する方向となる場合は，なるべく近い時期に受任のための手続を行う日を設定し，その日までに，着手金など弁護士費用・実費預り金の額を提示し，委任契約書の案を提案し，事件処理の方針を提示するなどの手続を行い，委任契約を締結する方向に向かうこととなる。

イ　費用対効果の関係から弁護士が受任することが難しい場合

　弁護士に事件を依頼し，弁護士報酬（着手金など）を支払う場合の額と弁護士に依頼せず本人がその争いの解決に向けた行動をとる場合に生じる費用（又は，相手方から支払われる金銭など）の額を比較した場合，弁護士費用の額の方が，本人が手続をすることにより得られるものよりも大きくなると想定される案件もある。このように，費用対効果の関係から弁護士が受任するとしてもそれに見合った経済的効果を上げることが難しい場合は，そのことを相談者に説明する必要がある。

　「この件で，事件をお受けする場合，着手金は○○万円程度となりますが，請求額が○○万円で，実質的な争いはそのうち○○万円程度ですので，弁護士が就いて当方の主張を整理して提出し当方の主張が最大限認められても，それによって得られるあなたの利益は弁護士報酬の額に達しないこととなります。必要なら相談料程度の額で答弁書の書き方をお教えしますが，どうされますか。」，「弁護士をつけず本人が訴訟を起こす場合，訴状を作る必要がありますが，この事件で弁護士が資料を拝見して訴状の案をつくるなら，書面作成料として3万円ほどかかります。」などと話をしていく。

　相談者が弁護士に依頼せず本人訴訟の方向を選択する場合は，訴訟や調停への対応の仕方を説明し，必要に応じ訴状の骨子や答弁書（の案）を作成してあげるなどの対応をする。

　相談者が，それでも弁護士に事件を依頼したいという意思を表明するときは，弁護士報酬（着手金，報酬金）や実費の概算を説明するなどし，また，その時点で，弁護士が事件を受任した方がよいと判断しているかどうか，弁護士が考える訴訟への対応方針などを説明する。

3 相談者が相談をする目的に応じた対応（法律的な判断の開示や説明） 77

> **検討 7-1** 内装工事代金の一部未払を理由に訴訟を提起された相談者への対応

自宅の内装工事（350万円）を発注したが，工事の出来具合に満足できず250万円だけ支払い，100万円の支払をしなかったところ，工事業者から簡易裁判所に訴訟を提起されたため，訴状を持って相談に来た事例。

訴状を読み，事案の内容の説明を受けた。相談者は弁護士に事件を依頼したいとの希望を表明した。工事の出来高から見て，訴訟において相手方からの請求（100万円）を完全に拒むのは難しいこと，訴額が100万円で弁護士費用を考えると受任することが難しいことを考慮し，本人名の次の答弁書を作成し交付した。

本人には，建築士などによる出来高の評価がされた場合その内容にもよるが，多少の減額ができる程度との見通しを説明した。答弁書の作成を含め，相談時間は約1時間だった。

事実関係に関する訴状の記載内容の認否は，内装工事請負契約の内容の部分と工事の進捗状況を記載した部分が相当の分量（数ページ分）があり，時間をかけて事実関係を確認することも必要だった。その部分についての認否，反論は，後に本人がするように説明・指示。

相談者は，その後1回，再相談を希望してきたが日程の都合がつかず，別の弁護士が相談に乗った。

―（答弁書の記載例）――――

　　請求の趣旨に対する答弁
　　1　原告の請求を棄却する。
　　2　訴訟費用は，原告の負担とする。
との判決を求める。
　　請求の原因に対する答弁
　　1　請求原因記載の事実に関する認否及び反論は追ってする。
　　2　被告は，居住していたマンションの漏水に関する修復工事が行われることになったため，同時期にリフォーム工事を行おうと考えた。原告にその相談をしたところ，被告の希望する内容のリフォーム工事

を350万円程度で行えるとのことであったため，話をすすめたが，当初の話とは違い，多額の工事費を要し，被告の希望しない内容のものとなることから見積もりのし直しをするなどし，当初案とは相当に異なる内容のリフォーム工事が行われた。しかし，その工事の結果，建物内に多くの不具合が生じ，その手直しに相当の期間を要した。手直し工事をしたにもかかわらず，不具合の箇所は完全には無くなっていない。

　この間，被告は，荷物を室内に整理することもできず，著しい生活上の不便と苦痛を味わっている。

　以上の経過から，250万円の支払にとどめ，残金の支払をしなかったものであり，被告が今後支払うべき残代金はないものと考えている。

ウ　事件処理の方針が弁護士と相談者本人との間で一致するかどうか

　訴訟や調停が起こされ，相談者が訴訟の被告や調停の相手方となっており，その事件を代理人として受任するかどうか（受任できるかどうか）を判断する場合がある。その場合，依頼者と弁護士との間で弁護士費用の額について合意できるかどうかがポイントであると思うかもしれない。だが，この場合の最大のポイントは，その事件についての弁護士の見通しと処理方針が相談者の見通しや処理方針と（少なくとも，おおむねは）一致するかどうかにある。

　単純な事案では，初回法律相談の中で，判決（などの結果）の見通しや，それに向けての処理方針を立てることもできるが，相手方から提出された訴状やそれに対する相談者本人の言い分，当方の主張とそれを裏付ける証拠の内容だけからは，結果の見通しや処理方針を立てられないことが多い。

　初回法律相談から事件を受任する方向で対応する場合は，結果の見通しと事件処理の方針について弁護士と相談者とが（おおむね）一致できるかどうかを念頭において対応する。

検討 7-2　建物賃貸借の明渡請求訴訟の例

　建物賃貸借契約（賃料，月10万円）の賃貸人から建物の明渡しを求める訴訟が提起された。賃貸人の息子夫婦が海外から帰国するため，その建物を自

己使用したい，また，建物が老朽化しているので建て替えたいという「正当事由」を主張し，65万円の支払と引換えに明け渡すという内容の引換給付判決を求められた事例。

相談者（賃借人）は，住み慣れた建物なので，このまま居住し続けたい，どうしても出ろというなら，明渡し料として400万円を支払って欲しいと考えている。賃料は，多少遅れ気味だが支払われている。付近の賃料相場からすると，問題の建物の賃料は月13万円程度が相当額と見られる。賃貸人（相手方＝原告）は，訴訟提起前，明渡し料（引っ越し料込み）として計200万円を提示し，相談者がこれを蹴ったことがある。

この事例では，相談者（賃借人）から事件を受任した場合の事件処理の方針は，建物明渡しの正当事由の存否を争うことであり，その限りで，方針は明確であるし相談者の意向とも一致している。また，訴訟手続の中で，可能な限り高めの立ち退き料を得るようにすることも相談者の意向と一致している。

問題は，明渡し請求の「正当事由」がどの程度あると考えられるか，裁判所が金銭の給付と引換えに明渡しを命ずる判決を出す可能性とその場合の金銭はどの程度の額か，和解や引換給付判決の場合の金銭の額について相談者がどう考えるか，といった点にある。

この事件で，事件を受任し訴訟手続が進行したと仮定して，相手方から和解金400万円の提示があって和解が成立すれば，所期の目標を100パーセント達成したことになる。相手方からの和解金の提示額が200万円を超えず，本人が和解を拒絶し，判決が出されたときに，「明渡しを求める正当事由なし」という判決か，200万円を超える引換給付判決が出され本人が納得できる金額であっても，ほぼ目的を達成したことになる。

しかし，以上のような結論（判決・和解）が得られない場合，弁護士が依頼者の希望に添った結果が得られるかのような話をしていたり，依頼者がそのように受け止めていたりすると，弁護士の見通しが甘かったのではないかと言われ，トラブルになることがある。

このケースでは，差額家賃月3万円として，3年分で108万円，5年分で180万円，賃料の2年分として240万円となり，和解金（引換給付判決の場合

に給付を命ずる金額）の相場は，引っ越し料を含めても，120万円から250万円程度までとなる。

　このケースで事件を受任する場合には，「正当事由」の存否，程度と相手方の対応の仕方にもよるが，和解金であれば200万円から250万円が上限，引換給付判決であればそれよりもう少し低い額になるのが通常という見通しを立て，相談者がその見通しを了解する場合に受任するという形にしておいた方がよい。

　※　このケースでは，実際に事件を受任し，訴訟で判決に至った。

　　　このケースの本人は，事前の交渉では賃貸人からの200万円の立ち退き料の提案を蹴っており，400万円かそれに近い額を立ち退き料として受け取りたいという強い希望を持っていたため，訴訟における手続の進め方の点でも和解の話し合いも，難航した。

　　　第一審判決は，立退料205万円の支払と引換に建物の明渡しを命ずる内容。裁判所は，和解金205万円の支払による和解を勧告したが，被告（当方の依頼者）が同意せず和解は打切りとなった。裁判官の言動から，判決では200万円を下回る引換給付判決が予想されたが，結果として和解勧告の際の金額と同一（205万円）であった。

(2)　弁護士から相談者への判断の提供

　法律相談を受けたとき，弁護士は，相談者の求めに応じ，その事案についての整理をした上，実体法及び手続法上の判断をし，その判断を相談者に提供する。

ア　弁護士の判断を提供する場合のやり方

　事実関係がそれなりに明確であって，その限りにおいて明確に判断をすることができる場合は，弁護士の判断の内容を相談者に説明し，弁護士の判断を提供する。その場合は，二義を許さない明確な言葉を使って説明することが大切。

　例えば，貸金（300万円）の請求であって，きちんとした金銭消費貸借契約書が作成されており，300万円を貸し渡した際の借主の領収書もあり，契

約書上，弁済の期限が到来しているような場合，金銭消費貸借契約が成立していることはほぼ確実な事実として把握できる。しかし，金銭消費貸借契約締結後，一部又は全部の弁済がされたかどうか，弁済を猶予し弁済期が変更されたかどうか，相手方が相殺を主張する反対債権があるかどうか，などは判然としないことが多い。この場合，300万円の返還を請求できるかどうかは，相手方からの主張を見てみないと正確には判断できないということになる。相手方からの反対の主張が特に見られない場合であれば，弁済期の到来により，貸金返還を請求することができるという判断となる。

イ 弁護士の判断を簡単には提供できない場合

弁護士の判断を簡単には，提供できない場合がある。

事実関係（の重要な部分）が明確でない場合，事実関係を裏付ける資料が僅かしかなく当方の主張がどの程度根拠を持つものか判然としない場合，相手方の言い分（主張）がどの程度の根拠（裏付け）を持っているのか定かでない場合，誰が当事者となるのか判然としない場合などがある。

こうしたケースでは，事実関係を明確にする資料がないと判断できないことを，なるべく具体的に指摘する。どの事実が明らかでないので判断できないのかも具体的に指摘する。その上で，限られた範囲で判断を提供するか，その相談の中で見た資料の限りでは，判断を提供できる条件が整っていないことを告げる。

事実関係が明確でなかったり，相談者や相手方の状況に不確実な状況があるため明確な判断を提供できない場合は，

　ア）いくつかの場合分けをして判断を提供すること

　イ）「○○の可能性がある」という限度で判断を提供すること

もある。

相談者がクレーマーであったり，弁護士の説明をゆがめて受け取る人である場合は，不確実な判断，明快でない判断は，提供しないようにすることも多い。

ウ 判断を提供する際気をつける点

相談を受けた案件について事件を受任したいと考え，あるいは事件を受任したくないと考える場合がある。しかし，事件を受任するため，又は事件を

受任しない方向に持っていくため、ことさら相談者（本人）に有利又は不利な事情を強調し、提供する判断を曲げるようなことをしてはならない。

判断の提供は、その相談者の代理人となり得るという立場で、相談者の視点を考慮しながら、客観性を持った内容のものを法律家として提供するよう心がける。

ただし、法律的な判断、事件の見通しについての判断は、相談者の立場（請負契約の注文主か請負業者か、不法行為の加害者か被害者か、売買契約の売主か買主か、建物賃貸借契約の賃貸人か賃借人か）に応じたものであることをわきまえること。またそれを相談者に分かるように説明すべきこともある。

(3) 相談者が相談開始前から事件受任を希望している場合の対応

ア　最初から事件受任を希望するケース

相手方から訴訟を提起されており、事件を依頼できる弁護士がいない場合、直ちに弁護士に事件を依頼したいと考え、法律相談に際し、弁護士が事件を受任するよう希望する人もいる。しかし、そういう場合であっても、弁護士と面談した上、弁護士の人となり、弁護士がその事件にどのように対応しようとしているか（弁護士の方針）、事件の見通し、弁護士費用の額などを確認した上で、弁護士に事件を依頼しようとするのが、本人の一般的な対応の仕方である。

最初から弁護士に事件を依頼したいという希望を強く表明する相談者から、事件の依頼を受ける場合、そのまま、すんなり事件受任につながる場合もあるが、一見の相談者で最初から事件受任を希望するのは、思い込みの激しい人が多い。

相談する事案の内容について、冷静に手順を追って事実関係を確認し、それを裏付ける資料がどの程度あるのかを確認し、当方の主張と相手方の（考えられる）主張の内容を吟味し、事件を受任することができるかどうかを検討する。

イ　無理筋の相談・事件依頼の場合

事案の内容から考えて、相談者の希望するような「解決」を図ることが到底無理であると見られる場合、そのことを伝え、事件を受任することもでき

ないことを告げることになる。

　相談者の要求を相手方が受け入れるとは考えられないことを，弁護士の判断として相談者に伝えたり，裏付けとなる証拠がないことを指摘したり，仮に訴訟となった場合，裁判所はこのように判断するでしょうと「裁判所の判断」という形で伝えたりする。弁護士が考える事件処理の方針を伝え，事件の見通しを伝えることにより，相談者自身が事件の見通し，相手方に要求する事項や内容を改めて考え，修正していく場合には，弁護士が事件を受任できる条件が出てくることもある。

　相談者の思い込みが強く，弁護士が事実関係を整理し，論点を整理し，事件の見通しを示しても，それに応じ認識を変えることもしない相談者は，弁護士が事件処理の方針を示しても，それに納得することは，ほとんどない。

ウ　相談者の描く事件像や要求水準に問題のある場合

　相談者が描く事件像が弁護士の判断と大きく異なる場合，相談者の語る事実や資料を弁護士が整理し，弁護士から「事件像」を提示する。弁護士の整理した事件像に素直に納得する相談者もいるが，思い込みの激しい人は，なかなかそれを理解しない。弁護士が判断した事件像を明確な形で説明し，その上で，必要な範囲で法律判断を提供する。

　事件の相手方に対する依頼者の要求水準が並はずれて高い場合，裁判所などで判断される場合の水準を説明することが多い。

　要求水準が高い人の中には，精神的苦痛を理由として多額の慰藉料請求をしたいというケースも少なくない。その場合は，事件の類型，損害の程度に応じ，その種事件における慰藉料の相場を説明したり，交通事故の入通院慰藉料の表を示して慰藉料の算定のしかたを説明することもある。

　建築工事の瑕疵について，その修補請求（又は，それに代わる損害賠償請求）とともに慰藉料を請求したいという形で現れる場合もある。債務不履行責任などを追及する場合，債務の履行やそれに代わる損害賠償請求とは別に慰藉料請求をしてもそれが認められることはほとんどないことを説明する。

　逆に，依頼者の要求水準が極めて低いというケースも時折見られる。訴訟を提起しても勝てないと思い込んだり，訴訟提起の費用や弁護士費用を支払うことが難しいと考え，要求水準を引き下げて解決を図ろうとする相談者も

いる。相談者の要求水準が極めて低い場合，相談者を励まそうと考え，実際以上に勝てるという見通しを話したりしないように注意する必要がある。相談から得られた事実関係の情報に基づいてその事件の見通しを説明したり，法テラスの援助制度を利用することを勧めたりすることが多い。

エ　何人も別の弁護士と相談をした相談者

同一の案件について何人もの弁護士と相談をした上で法律相談に来る人もいる。そういう相談者は，前に相談した弁護士の説明や，その弁護士が考える事件処理の方針，提示された弁護士費用の額などに納得していないことが多い。

相談者がこれまでに相談した弁護士の判断や事件処理の見通し，弁護士費用の額などを多少聞いてみると，問題点が明らかになってくる。

相談者が前に相談した弁護士にきちんと説明し，必要な資料を提示したのかどうか疑問であるというケースがある。当時の弁護士の判断や事件処理方針がこうであったという相談者の説明から考えると，当時の弁護士の判断に大きな疑問符がつく場合もある。しかし，当時の弁護士の判断や説明がどの程度の資料に基づくものであったのかは定かには分からないことが多い。相談者の一方的な思い込みではないかと思われることも少なくない。

何人もの弁護士に同じ案件の相談をしている相談者は，自分にとって都合のよい結論を出してくれる弁護士を探し回っていることも少なからずある。勝訴の見通し，相手方がどの程度争ってくるか，必要となる弁護士費用の額などは，相談者にとって耳触りのよい話をしてしまわないよう，事実関係をきちんと整理し，的確な判断，適切な弁護士費用の額を提供することに徹する。

オ　最初から事件の受任を希望する依頼者への対応

（いきなりの法律相談で）最初から事件を依頼したいという相談者には，事件を受任する方向に向かうかどうかを判断し，事件受任の方向に向かう場合は，近い日時を指定して再度会うこととする。その時に委任契約書（案）を提示し，事件処理の方針を提示・説明し，協議した上，委任を受けるかどうかを決めるようにする。

弁護士が考える事件処理の方針を受入れることが難しいと思われる相談者

から相談を受けたときや，事件の筋や相談者の人となりから事件を受任することは難しいと判断するときは，相談の中身にあまり深入りしないようにし，また，事件を受任する意思のないことを伝えるようにする。

(4) その事案にどのように対処してよいか分からない相談者への対応

ア 自分でその事案に対処したいと考えているが，どのように対処してよいかが分からない相談者

相談者の中には，自分でその事案に対処したいと考えているが，どのように対処してよいか分からず，弁護士の法律相談に訪れる人がいる。そういう相談者については，その案件を整理した上，対処すべき内容を説明する。

その場合には，法律的な判断や見通しとともに，対処すべき内容やその手順を具体的に説明する必要がある。

イ 相手方にどう対処してよいか不安な相談者

相談者が，「自分は，ある程度理解できたが，相手方にどのように話したらよいか分からない（話す自信がない）」，「どのように対応したらよいか分からない。」という態度を示し，弁護士の力を借りたいという希望を述べることがある。このような場合，弁護士が直ちに事件を受任して対応することもあるが，この時点では，事件を受任するまで熟していないことが多い。

多くの場合，弁護士が，相談者本人の対処すべき内容を文書などで説明し，その後の状況から弁護士に依頼するかどうかを判断してもらうのがよい。

必要に応じ，弁護士名で意見書などの書面を作成してあげるのも有効。

> **検討 7-3** 娘がアパートの賃貸借契約でトラブルとなり地方から出てきた父親からの相談

相談者は，地方に居住している。娘（21歳）が都内のアパートを借りる契約をした後トラブルが発生し，父親（相談者）が上京し，飛び込みで法律相談センターを訪れた。その日の午後に不動産業者（及び家主？）に会う予定だった。

相談者から状況の説明があり，弁護士が契約書類を見たが，重要事項説明書が見当たらず，相談者は，娘も受け取っていないと思うとの話。弁護士か

ら，これから対処すべき内容について説明した。相談者は，自分で説明する自信がなく，どのように対処したらよいのか分からないという風情。そこで，下記の文書（弁護士から娘あての意見書）を作成し，この書面を持って行って相手方に交付した上，話（交渉）をするように指示した。文書作成の時間を含め，相談時間は１時間強。

（意見書の例）

平成19年○月○日

A（相談者の娘）殿

弁護士　○○

　　　　　新宿区○○４丁目所在建物の賃貸借契約に関する意見書

　新宿区○○４丁目○番○号所在「△ビル」２階○号室（以下「本件建物」という。）の賃貸借契約（貸主　△，借主　A，以下「本件契約」という。）について，同物件の「建物賃貸借契約書」，「賃貸住宅紛争防止条例に基づく説明書」，平成19年○月○日付領収証その他の資料に基づいて，意見書を作成し交付します。

1　重要事項説明の不備

　本件建物の契約締結に際し，Aは，室内の動産類に関し，必要なものをそのまま使用し，不要のものを廃棄してよい旨の口頭の説明を受け，室内にあったベッドを廃棄しようとしたところ，注意されたとのことである。

　契約の対象となる室内の動産，備品，設備の状況については，仲介を行う宅地建物取引業者が重要事項説明書に記載して，賃借人となる者に説明し，確認の署名，押印を受け，この書面を交付するとともに，業者自らも保管する必要があるが，本件において，室内の動産，備品，設備の状況について重要事項説明書に記載し，所定の手続を経て交付及び保管することをしていないものと推測される。

　重要事項説明書に所要の事項が記載され説明されていたならば，上記のような事態が生ずることはなかったものと考えられる。

2　賃貸人から本件契約を解消したい旨の意向が示された点と本件契約の終了に向けた手続

前記1に述べた事情などから，賃貸人は，本件建物を賃借人に貸すことを白紙に戻したい旨の態度を表明しているとのことである。
　1記載の事情及び，賃貸人の意向を忖度し，鍵の引渡しはあったものの本件建物への引っ越しが行われていない状況を勘案するならば，契約金及び仲介手数料を賃借人に返還し，賃借人は鍵を返還することにより，本件契約を終了させることが適当と思料する。

　弁護士の名刺を渡したが，その後，相談者からは，何の連絡もない。目的をそれなりに達したものか。

検討 7-4　建売住宅の工事の施工状況に関するトラブルの相談

　相談者は，平成18年○月○日，新宿法律相談センターで法律相談をした。
　平成17年，目黒区内の建売住宅を8,500万円で購入。土地76㎡，建物3階建，総床面積135㎡。
　相談者は，娘夫婦から設計図どおりに建てられていないことと建築確認（実は，完了検査に関する検査済証）がとれていないことは問題ではないかと指摘され，どうすればよいのかを相談したかった。
　建物は準防火地域に建てられており，準防火仕様の窓ガラス（網入りガラスなど）としなければならないことになっているが，そのような仕様になっていないため，「建築確認」がとれていないという不動産業者の説明であったとのこと。他に，「24時間換気扇」の設置が義務づけられており設計図にも記載されているが設置されていない。また，火災報知器も設置するはずであるのに設置されておらず，火災報知器については，売主がこれから設置するといっている。
　平成17年末にローンが組まれ，代金全額を支払い，立ち入るための鍵を受けとっている。引渡しは，完了していない模様。
　相談者は，建築のことも，法律のことも分からず，売主や仲介した不動産業者とどのように交渉したらよいのか途方にくれている状況。
　書類を確認したところ，建築確認は民間検査機関によりなされ，確認済証が交付されている。竣工検査（完了検査）をしていないため，竣工に関する検査済証の交付を受けていないことが判明。窓ガラスが準防火仕様のもので

ないため竣工検査を通らないとの見通しのもとで，竣工検査を受けていないものと推測された。以上の内容とともに，建築確認（建築基準法第6条）と完了検査（同法第7条）の違いを説明した。

重要事項説明書の記載内容を確認したところ，第18項（その他の事項）中に「検査済証の交付を受けておりませんので，あらかじめご了承ください。」との記載があった。売主及び仲介業者は，重要事項説明書に記載しておけば，完了検査（建築基準法第7条第1項）を受けないことも許されると考えている様子。売主である建築主に，竣工検査を受け検査済証を取得して当方に交付するように請求し，これに応じない場合には，区あてにその内容を通報し区からの指導を求める方法があることを説明した。

相談者は，窓ガラスが準防火仕様となっていないことについてあらかじめ説明を受けていたため，自分の費用負担で窓ガラスを取り替えるしかないと考えていた。この点についても，建築基準法に違反する仕様の建物の状態で放置することはできないことを指摘し，売主の負担で窓ガラスを取り替えるように請求してみてはどうかとアドバイスした。

換気扇については，売主は設置してあると言い張っているとのことであったため，売主立会のもとで適切な仕様のものが設置されているかどうかを確認するように勧めた。火災報知器については，売主もその不備を認め設置すると言っているので，実際に設置させるように働きかけること。

以上の説明，アドバイスをしたところ，相談者は「弁護士さんが，代わって交渉していただけないか。」との希望を述べた。そこで，弁護士名で「鑑定意見書」を作成して相談者に交付し，その書面を売主又は仲介業者に交付して交渉するようにアドバイスした。そうして交渉しても，相手方が誠実な対応をしない場合には，再度相談に訪れるようにアドバイス。弁護士の名刺を渡した。

相談時間は，書面作成の時間を含め1時間程度。1時間の相談料（1万500円）を受領。

──(鑑定意見書の例)──────────────────

　　　　目黒区○○４丁目○-○○所在建物に関する鑑定意見書
　　標記の建物(以下「本件建物」という。)及び敷地に関する売買契約(以下「本件売買契約」という。)と同建物の現状に関し，鑑定意見書を作成し交付いたします。
　１　検査済証について
　　本件売買契約に関する重要事項説明書の第18項「その他の事項」中には，「検査済証の交付を受けておりませんので，あらかじめご了承ください。」との文言があり，実際にも中間検査及び竣工検査を受けていないものと見られるが，建築主は，その責任において検査を受ける義務があり，重要事項説明書に記載してあるからといって，その責任を免れるものではない。速やかに，竣工検査を受け，検査済証を取得して買主にそれを交付するべきである。
　２　窓ガラスないし開口部の設備について
　　本件建物については，準防火地域に築造されたものであるにもかかわらず，１階から３階までの窓その他の開口部のガラスが準防火仕様となっていない。そのような建物の状況を知りながら建て売り販売することは建築基準法に違反する行為となり，本件売買における売主の責任を果たしたものとは言えず，債務不履行(不完全履行)の状態が生じている。
　　売主の費用負担と責任において，準防火仕様のガラスに付け替えるべきものと思料する。
　３　換気扇及び火災報知器について
　　売主は，設計図に記載されている換気扇と本件建物に設置することが義務づけられている火災報知器を設置するべき責任を負っている。これらの設備が実際に設置され使用可能かどうかを確認し，適切な仕様のものが設置されていない場合には，速やかに設置工事を施工するべきものと思料する。

　この相談者からもその後何の連絡もない。それなりに目的を達したものか。

ウ　どのように対処したらよいのか分からない相談者への対応の仕方

このような相談者から法律相談を受けたときは，

ア）相談者が自分で事件の処理に当たるのか，身近な親族や弁護士などに処理を委ねた方がよいのかどうか

イ）弁護士が事件として受任して処理する必要性はどの程度あるのか

を判断しつつ，その法律相談を受けた中で

ウ）弁護士の法的な判断を示すだけでよいのか

エ）弁護士が，その事案に関連する制度や手続をどの程度説明するのか

オ）当面必要となる書面の作成などの手助けをした方がよいか

を考え，最小限これだけは必要であると弁護士が判断することについては，きちんと対応ができるように援助（アドバイス）する。

相談者が相談の中で示す態度や弁護士からの説明を理解する程度などを見た上で，当面必要な対応と将来的に必要となる対応の内容，相手方にどのように対処するのかについて，できるだけ具体的なアドバイスをすることが必要となる。

また，弁護士が事件を受任した方がよいかどうか，その場合の費用はどのくらい必要となるかなどを説明したり，今後の対応について，必要に応じ再相談を受ける用意のあることを話し，名刺を渡すなどする。

4　事案の緊急性や手続に必要な期限などに応じた説明をする

(1)　時間的に切迫した事案かどうかを判断する

相談の内容によっては，直ちに対応する必要のある事案や，対応するべき期限の設定されているものがある。その判断や説明を誤ると，法律相談であっても，直ちに弁護過誤の問題が生じる場合がある。

法律相談を行う際に，法律に定められた期間が問題となる場合には，こまめに六法全書などを開いて確認すること（こういうことを確認するのを恥ずかしがる必要は全くない。）。

時間的に切迫した事案と判断される場合には，今後いつまでに，どのような

行動に出ればよいかを説明し、アドバイスする。

ア　法定の期間が定められている場合

相続の放棄（自己のために相続の開始があったことを知った日から3箇月以内　民法第915条第1項），離婚による財産分与請求の申立て（離婚の時から2年を経過する前　民法第768条第2項），株主総会等の決議の取消しの訴え（株主総会等の決議の日から3箇月以内　会社法第831条），会社の組織に関する行為の無効の訴え（会社の設立＝成立の日から2年以内　会社法第828条第1項第1号），民事訴訟における控訴（送達を受けた日から2週間内　民事訴訟法第285条），支払督促の仮執行の宣言の申立て（債権者が申立てをすることができる時から30日以内　民事訴訟法第392条），行政事件訴訟法による取消訴訟の提起（処分又は裁決があった日から6箇月間　行政事件訴訟法第14条第1項）など，無数といってよいほどある。

....

検討 8-1　民事再生法の「訴訟の受継の申立て」の期間

法律相談に際してのものではないが，事件受任後に「不変期間」を徒過して懲戒された例があるので，紹介する。

ある会社を相手方（被告）として金銭の支払を求めて民事訴訟を提起した後，その相手方（会社）が民事再生法の規定に基づく民事再生手続開始決定を受けた場合，民事訴訟の手続は，再生債権に関するものについて中断する（民事再生法第40条第1項）。訴訟提起した「債権」を，再生手続の中で再生債権として届出，これが否認された場合，債権を主張する者は，異議者等の全員を訴訟の相手方として，「調査期間の末日から一月の不変期間内に」訴訟手続の「受継」の申立てをしなければならない（同法第107条，第105条第2項）。その申立てをしないと，否認された債権の主張をすることができなくなる。

最近，こうしたケースで，弁護士が訴訟受継の申立てをしなかったとして懲戒された例があった。弁護士が民事再生法の「不変期間」の定めを知らなかったことは，弁解の余地のない「非行」に当たる。新しい法律の中で，様々な「法定の期間」が定められているので，注意すること。

検討 8-2 控訴に関する弁護士の訴訟代理権と控訴理由書提出の期間

　最近，弁護士への苦情を受けた中で，ある弁護士が控訴理由書の提出期間を徒過してしまった事案があった。誤った対応をしやすいケースなので紹介する。

　民事訴訟において第一審の判決がされ，判決書が送達されたときは，2週間以内に控訴しないと判決が確定する。また，期間内に控訴状を提出した場合であっても，控訴状に第一審判決の取消し又は変更を求める事由の具体的な記載がないときは，控訴人は，控訴の提起後50日以内に，これらを記載した書面（控訴理由書）を控訴裁判所に提出しなければならない（民事訴訟規則第182条）。

　第一審において，弁護士が委任を受けて訴訟代理人となったとき，弁護士は，民事訴訟法上，委任を受けた事件について，反訴，参加，強制執行，仮差押え及び仮処分に関する訴訟行為をし，かつ，弁済を受領することができる（民事訴訟法第55条第1項）。弁済を受領する手続などは，依頼者から改めて委任を受けなくても民事訴訟法上，当然にその事件の訴訟代理人である弁護士の権限として認められている。相手方（被告）から反訴を提起された場合は，当然に反訴被告の訴訟代理人となる。

　これに対し，相手方から訴訟を提起された被告事件において，依頼者から反訴を提起するように依頼され，（反訴手続を行うための弁護士報酬を受け取った上）反訴の提起をする場合は，特別の委任を受けなければならないとされている（民事訴訟法第55条第2項第1号）。控訴，上告も同様。しかし，弁護士が第一審の訴訟について委任を受け訴訟委任状を受領する場合，定型の訴訟委任状には「反訴の提起」，「訴えの取下げ」，「和解」，「請求の放棄」，「控訴」など依頼者から特別の委任を受けるべき事項（同法第55条第2項）の記載もされているのが普通といってよい。

　このケースでも，第一審の訴訟委任状の委任事項には，「控訴」の記載があったものと思われる。原告となった第一審訴訟は敗訴に終わったばかりか，相手方（被告）からの反訴請求（不法行為＝濫訴による損害賠償請求）が認容され，仮執行宣言付の判決が言い渡された。

第一審の訴訟代理人であった弁護士は，控訴期間内に控訴状を提出し，いったんは控訴審の訴訟代理人となった。しかし第一審手続の途中から依頼者と弁護士の意見が衝突することになったようで，弁護士は，控訴状を提出した後，辞任届を裁判所に提出してしまった。弁護士が辞任届を提出したにもかかわらず，控訴状が提出された後，50日以内に控訴理由書が提出されないまま，訴訟手続は終結の段階を迎えた。弁護士からは，控訴状の控えを依頼者に送ることもしておらず，依頼者は知らないうちに控訴理由書の提出期間を徒過してしまったことになる。

　おそらく，この弁護士は，第一審の訴訟委任状の委任事項の記載（新たに委任を受けなくとも控訴を提起できる。）から，嫌な依頼者とは連絡もとらないまま，控訴期間を徒過しないように控訴状を提出して責任を果たし，あとは辞任をして事件処理を終わらせようとしたのであろう。控訴理由書を50日以内に提出しなければならないという民事訴訟規則の規定も知らなかったと思われる。

　しかし，期間内に訴訟代理人として控訴の手続をしただけで，（本人からの）控訴理由書の提出を促すこともしなかったため，依頼者が控訴審の審理を受けることができなくなってしまった。このことは，弁護士として委任契約の終了時になすべき必要な処分（民法第654条）をしなかったことになる。また，「弁護士は，委任の終了に当たり，事件処理の状況又はその結果に関し，必要に応じ法的助言を付して，依頼者に説明しなければならない。」（弁護士職務基本規程第44条）とされている規律にも明白に違反することになる。

　第一審判決の仮執行宣言への対応についても何ら説明しなかったと思われる。

　依頼者との関係が終了する場合の対応，控訴手続（控訴理由書の提出期限）に関する法律の規定を知らず，その対応について決定的な誤りがあったもので，弁解の余地のない弁護過誤ということになる。

　訴訟代理人として授権された権限であるということと，訴訟代理人として，その具体的な場面でその行動をするかどうかは別のことがらであり，本来その義務（訴訟代理人として控訴手続をすること）がない場合であっても，いったん訴訟代理人として手続をすれば，それに伴って新たな義務，責任が生ず

ることをこの弁護士は知らなかった。

……………………………………………………………

イ　時効期間（除斥期間）の問題

　民法上の債権消滅時効（10年，民法第167条第1項）と民法上の短期消滅時効（民法第169条から第174条まで），商行為によって生じた債権の消滅時効（5年，商法第522条）と商法上の短期消滅時効に関する運送取扱人の責任（1年，商法第566条），運送人の責任（1年，商法第589条），寄託を受けた商人の責任（1年，商法第596条），質入証券所持人の預証券所持人に対する請求権（1年，商法第615条）などの短期消滅時効がある。

　その他，自賠責保険における賠償請求（3年，自動車損害賠償保障法第19条），労働者の賃金の請求権（2年，労働基準法第115条），労働者の退職手当の請求権（5年，労働基準法第115条），遺留分減殺請求権（減殺すべき贈与等があったことを知った時から1年，相続開始の時から10年，民法第1042条），弁護士の懲戒手続の開始（懲戒の事由があったときから3年，弁護士法第63条）など，たくさんある。

　不法行為による損害賠償請求権（損害及び加害者を知った時から3年間＝民法第724条前段　不法行為の時から20年を経過したとき　同条後段）と，債務不履行により発生する民法上の損害賠償請求権，商行為により発生する商法上の損害賠償請求権のいずれの規定により時効期間が決まるのかという問題がある。

ウ　裁判所から書類が送達されているとき（検察庁，警察，税務署その他の官公署から書類が送られてきているとき）

　裁判所から（民事上の）判決（書），決定（書）などが送られてきた場合，それを受領したときに受領した本人について（上訴期間の経過により判決等が確定する前であっても）効力が発生するのが原則。その場合，所定の不服申立期間内に不服申立てをしないと，その判決などは確定し，以後，判決などを争うこともできなくなってしまう。

　特に，判決書や決定書，呼出状などが送られてきている場合は，直ちに対応しないと取り返しのつかない結果が惹起される場合があるので，注意する必要がある。

> **検討 8-3** 送られてきた書類の内容に応じた対応

　当たり前のことだが，送られてきた書類の内容に応じ，対応すべきことの内容は異なる。

　民事訴訟手続において，裁判所から被告あてに訴状が送達され，第１回口頭弁論期日に出頭するように呼出状が送られてきたにもかかわらず被告が第１回の期日に出頭せず，原告の主張した事実を争うことを明らかにしない場合には，被告はその事実を自白したものとみなされる（民事訴訟法第159条第３項，第１項）。第１回期日に出頭せず，答弁書の提出もない場合は，即日結審となり，１～２週間のうちに（被告敗訴の）判決の言渡しがされてしまうのが通常。

　民事訴訟において第一審の判決がされ，判決書が送達されたときは，２週間以内に控訴しないと判決が確定してしまう。また，仮執行宣言が付されている場合は，判決が確定しない場合であっても仮執行が可能となるので，（直ちに，）執行停止の申立てをするかどうかを判断することが必要となる場合もある（民事訴訟法第403条）。

　相談者が，書類を送られてきていることの意味を十分に認識していないときは，しつこいくらいに，その書類が送られてきていることの意味，（定められた）期間内に適切な対応をしない場合に生ずる事態（問題）を説明する。

エ　金融機関・金融業者からの催告書が送られてきているとき

　金融機関などからの催告書は，
　① 消滅時効を中断するためのものや単なる催告にとどまるものなど，格別の対応をしなくてもよいもの
　② 消滅時効完成後の催告のように下手な回答（対応）をすると時効中断の結果を生じるなど対応の仕方に注意を要するもの
　③ 放置しておくと，給与の仮差押え，担保権の実行，訴訟提起などが行われるもの

など様々ある。対応の仕方を誤ると重大な結果が発生する場合があるので，注意を要する。

オ　事態を放置すれば相手方が訴訟提起・告訴などを行い，重大な結果が惹起される場合

　催告書などが送られてきていて，その後に，相手方が保全処分をしたり，訴訟を提起したり，（刑事事件として）告訴をすることが予想される場合がある。

　当方に理がなく，そのまま手続が行われると当方にとって重大な結果が惹起される可能性が高い場合で，適切な対応をすれば相手方のそうした行動を防止できる見通しのあるときには，事態を放置せず，適切な対応をするようにアドバイスすることが大切。

　相手方に対し，速やかに返事（返書）を送るとともに，弁済の金額，条件などを交渉し詰めるなど，相手方からの請求に対応した措置を講ずるようにする。

(2)　期限などの制限があり，早急に対応すべき案件については，いつまでに，何をする必要があるのかを説明する

　答弁書や不服申立書などの書類を早急に作成し提出する必要があるときは，いつまでに提出しなければならないのかを確認し，その期限までに対応するべきことをアドバイスする。

　提出するべき書面については，作成の仕方を教えるか，書類の原案をその場で作成して渡してあげるかするなど現実的な対処の仕方に役立つ説明・アドバイスをする。

　作成の仕方は，裁判所から期日呼出状に添付された答弁書用紙への書き方を教えたり，事件番号，事件名，当事者の表示，提出する年月日，宛先（裁判所名など），本人の記名・押印，申立て（答弁）の趣旨，申立て（答弁）の理由など最低限必要となる記載事項を教えたりする。定型の書式をコピーして渡すこともある。

　裁判の期日が迫っており早急に書面を提出しなければならないとき，本人が作成することが難しい場合には，簡単な書面（答弁書など）は，本人名のものを作成してあげるなどする。

検討 8-4 離婚無効訴訟を起こされた相談者への対応

　日本人男性がフィリピン人女性から離婚無効の訴訟を提起され，訴状と期日呼出状を持って相談に来た事例。期日も迫っていたため，訴状を読み，相談者の説明と希望を聞いた上，次のような本人名による答弁書を作成して交付した。相談時間は，書面の作成時間を含め，1時間弱。

┌─(答弁書の例)─────────────────────────
　　請求の趣旨に対する答弁
　1　原告の請求を棄却する。
　2　訴訟費用は，原告の負担とする。
　との判決を求める。
　　請求の原因に対する答弁
　1　請求原因1記載の事実を認める。
　2　請求原因2から6までは，否認ないし争う。
　　被告の主張
　1　被告は，原告に離婚届の用紙を示し，離婚届であることを説明し，原告はそれを十分に認識して離婚届の用紙に署名したものである。なお，押印は，被告が原告の意思に合致するものと考え，押捺したものである。
　2　原告は，フィリピンから日本に来日する際に，結婚に関するセミナーに参加しており，そのセミナーにおいて，離婚届の用紙が緑色の用紙であることなどを十分に教えられていた。そのことは原告自身が被告に語ったこともある。原告が離婚届の用紙をそのようなものと認識しないで署名したようなことはあり得ない。
　3　原告はその後離婚届不受理の申立てをしているが，それは，離婚届の意味を理解していたからに他ならない。原告は，被告と離婚する意思を固めながら，ビザの延長の時期までは離婚届を出さないことを希望したのであるが，それは，原告のビザ延長の便法にすぎず，結婚という制度を濫用して日本での在留を合法化しようとするものでしかない。被告は，原告が被告と離婚する意思があることを確認していたので，離婚届不受理期間が経過した後に，離婚届を提出したものである。
　　よって，本訴請求は棄却されるべきである。
└─────────────────────────────────

この相談では，相談者が弁護士に事件を依頼する意向も示したので，弁護士費用の額を提示し，名刺も渡した。本人名の答弁書を提出して目的を達したのか，その後，連絡はなかった。

検討 8-5　信用保証協会からの訴訟提起を受けて相談に訪れた例

　相談者は，会社が金融機関から資金を借り入れた際，一部については連帯保証人，一部については主債務者になるなどした。それから約10年が経過し，会社は倒産。信用保証協会が代位弁済による求償権を行使し，会社と相談者を被告として訴訟を提起してきた。裁判の期日が迫ってきている状況。相談者が（連帯保証など）債務を負担した範囲が明確でないことと，消滅時効が完成している可能性があるとのことだったので，訴状，書証を見て，本人の説明を聞いた上，本人名で，次のような答弁書を作成して交付した。

―（答弁書の例）――――――――――――――――――――――

　　請求の趣旨に対する答弁
　1　原告の請求を棄却する。
　2　訴訟費用は，原告の負担とする。
　との判決を求める。
　　請求の原因に対する答弁
　1　請求原因1は，不知。ただし，同(3)中被告○○が甲4の書面に署名押印した点は認める。
　2　請求原因2は，不知。
　3　請求原因3中(3)は，否認。他の部分は不知。
　4　請求原因4は，不知。
　　被告の主張
　1　原告の請求する求償権2に該当する債務について，被告○○は，もともと債務を負担していない。
　2　仮に原告の主張する債権が存在したとしても，原告の主張する求償権1及び2の債権は，いずれも消滅時効が完成しているので，被告○○は，時効を援用する。

5 間違った法律的判断による説明をしない

(1) 法律についての無知・誤解は弁解の余地がない（損害賠償責任と懲戒処分）

ア 法律についての無知から生ずる弁護過誤

　間違った法律的判断をしないことは当たり前のことと思うだろうが，法律相談において，法律（条文）があることを知らない（忘れた）ために全く誤った法律上の判断をして説明をし，後に問題となる場合がある。その内容がその事案の結果に直結するものであれば，明白な弁護過誤となり損害賠償の責任が生じる。

　法律相談において，法律の条文を知らない（忘れた）ため，全く誤った法律上の判断をし，その判断を相談者に説明をしてしまった場合，そのことが分かった時点で，できる限り，早急に，相談者の電話等が判明しているときは相談者あてに電話し，訂正した法律上の判断を伝えるようにする。

> **検討 9-1** 弁護士の信じられないような無知の事例

　消滅時効が12月30日に完成してしまうという事例で，弁護士が，翌年1月4日に提訴すればよいと説明したとか，12月15日に判決書が送達されたのに，年末ではなく，裁判所が通常の業務を開始する年明けの日に控訴状を提出すればよいと説明したなど，信じられないような事例がある（懲戒処分の理由として公表されている）。

　平成22年の改正前，自賠責による保険会社への請求の時効期間は2年間だったが，それを3年間できるものと誤解して，2年をはるかに過ぎ3年を経過する直前に請求し，消滅時効の完成を理由に支払を拒否されて懲戒処分された弁護士もいる（賠償金も支払っている）。なお，現在では時効期間は3年間とされている。

　内容証明（配達記録付）郵便の受領がされなかったにもかかわらず，郵便局から配達しようとしたことにより到達したものと見なされると信じて依頼者と相手方に説明した弁護士もいる。

イ　法律の規律の内容が分からない場合の対応の仕方

　相談された事案を判断する上で必要な法律や法律上の制度そのものについて分からないときは，その場で調べて確認できるものは確認し，なお分からない場合には，分からないことを相談者に告げるしかない。相談された事案そのものについての整理や法律的な判断は可能であるが，一部について，法律が分からず，その部分について判断できないという場合もある。その場合は，事案のどの部分を規律する法律や法律上の制度が分からないのかを相談者に提示した上，全体としての判断を提供するか，全体としての判断を提供することも無理であるとするのかを判断し，その法律相談に対応する。

　法律の規律や法律上の制度の内容を確認する必要のある場合で，相談者は弁護士がそれを確認した上で判断を提供することを望んでいる場合，相談者に差し支えがなければ，調査をした上で（同日中に）電話で回答するなどの工夫をするべき場合もある。

　法律相談は，1回ずつ完結させ，その都度，弁護士の判断を提供するのが原則なので，法律相談をその場で完結させず，後に電話などで連絡するという扱いは例外となる。一つの法律相談がだらだらと続くことになったり，継続相談となるのかどうか，事件を受任したのか法律相談の限りであるのかがあいまいにならないよう，気をつけること。

────────────────────────────────

検討 9-2　法律相談は，1回ずつ完結させること

　研修資料で，「弁護士に知識が無く，相談の目的を達成できないときは，…調査をした上で（同日中に）電話で回答するなどの工夫をする。」と記載していたところ，無料法律相談を受け，どのような方針で臨むべきかの判断が難しい案件について，後で調べて電話連絡すると約束して事務所に戻ってきたケースがあった。

　相談票の記載からは，次のような相談だった。

（相談と対応の例）

　相談者は60歳代の女性。平成13年に夫と離婚した。平成16年にその男性と復縁した形だが，夫は平成18年12月に家を出てしまい，行方不明の状態。平成19年2月，夫から相談者（妻）あてに警告書が送られてきた。警告書には，

（二度目の）婚姻届は偽造であり刑事告訴すること，（居住している）不動産は（第三者に）売却したこと，が記載されていた。相談者は，その時点で（他の）弁護士と相談し，代理人弁護士名で（夫に対し）通知書を送った。その後，平成19年9月に，不動産の登記簿上の所有名義が夫から第三者（会社）に移転された。平成19年10月，執行官がやってきて，この不動産について競売が開始されたことが分かった。執行官の説明によると，夫が公正証書で金銭消費貸借契約をしており，それが競売申立ての原因となっているとのことだった。

　相談者は，今後も，この建物に居住し続けたいと考え，その方法はないのかどうかを相談したかった。

　相談を担当した弁護士は，「強制執行に対する不服申立てをするとしても，明渡しに応じざるを得ない可能性も高いと思われる。不服申立ての可否，当否については調べるが，執行官に事情を説明して手続を少しでも延ばしてもらいつつ，引っ越しの準備も検討した方がよいと思われる。」と相談カードに記載しつつ，調べた結果を弁護士から相談者あてに説明することを約束し，法律相談を終えた。

　相談を担当する弁護士が相談者にこのような対応をすることは，法律相談において，弁護士が1回1回の相談での対応に全力を注ぐ必要があり，その都度，弁護士からの判断の提供，説明を完結させるべきであるという点から見て，大きな問題を含んでいる。

　このケースは，相談者と夫の関係が対立関係（かそれに近い状態）となっており，夫の協力を得ることができない状況と見られる。夫名義の不動産は既に（売却され）所有名義が第三者に移転してしまっている。この状況において，相談者（妻）を申立人として執行抗告，執行異議，第三者異議の訴えなどの手続をとることは，まず，できないと言ってよい。

　仮に，相談者に何らかの対抗手段を講ずる法律上の根拠がある場合であっても，相談者に資力がなく無料法律相談を受けている状況にあることを考えれば，費用のかかる対抗手段を講じることは不可能であろう。この状況では，夫の所在を調べ，夫に連絡をとって事実関係を確認し，その上で，（夫から）何らかの手立てを講じることが可能かどうかを判断するのが限度と思われる。しかし，夫と対立関係にある（と見られる）状況では，うつ手はないという

判断をせざるを得ない。

　弁護士が法律相談を受けた案件については，法律相談の場で全力を注いで対応策を考え，適当な対応策がないと判断される場合には，そのことを説明しなければならない。相談者にとって厳しい結論となる場合であっても，その結論を先延ばしし，調査・検討して回答するという対応をすべきではない。相談を担当した弁護士は，相談者から夫に連絡をとり，事実関係を確認し，夫の協力が得られるならば，事実関係の内容によっては何らかの対応が可能となることも考えられるが，それ以外の場合には，居住し続けることはできなくなるとの見通しを伝え，相談を終えるべきであった。その判断を先延ばししたことは，相談者にあらぬ期待を抱かせるとともに，弁護士に重い責任を残すものだった。

　このケースでは，担当弁護士から相談者あてに直ちに電話し，相談者（妻）が建物に居住し続けるための方策は見つからなかったことを伝え，相談を終了させた。

ウ　相談者が知りたいテーマについて弁護士に知識のない場合

　相談者が聞きたい（知りたい）ことの中心のテーマに関して弁護士に知識がなく，相談の目的を達成できない場合がある。

　ある外国の婚姻制度やその国の人との離婚にまつわる法律問題など，その国の離婚に関する案件を扱った経験のある弁護士でない限り，ほとんど分からないという場合がある。一般法律相談の機会に，知的財産権にかかる訴訟についての質問を受け，ほとんど答えられないようなこともある。

　それほど特殊・専門的な案件でなくても，その弁護士に，その事案を整理し判断していく上で必要となる関係する法令などの知識がなかったり，その案件を処理する場合のやり方や，相手方への対処のし方を知らないため，全く答えられないケースもある。

　弁護士は，一度も扱ったことのない種類の案件については，分からないことがいくつもあるのが通常といってよい。しかし，そうした場合であっても，その事案の事実関係を押さえ，それを法律問題として整理すれば，基本的な方向性は見えてくることが多い。そうした場合は，最小限度の説明とアドバ

イスをし，さらに専門的なアドバイスが必要であるならば，別の弁護士などに相談するよう勧めるのが原則的な対応となる。

　弁護士が法律相談の内容を法律的に整理することができず，答えることができない場合は，説明したり答えられる若干の範囲で対応することもあるが，誤った説明となる危険が大きいと判断されるときは，（相談の途中であっても）相談を受けられないと言って中止したり，相談料を受領しない扱いにすることがある。

(2)　事案について法律的な判断を加える場合の判断や法律の解釈を誤らないように気をつける
　ア　法律的な判断，解釈を誤らない
　　これも当たり前のことだが，事案を正確に把握せずに，法律（条文）について無理筋の解釈をしたり，事案の一部を他の部分と切り離して無理な判断をしないようにすること。
　　法律相談の際の説明にこのような誤りがあっても，法律相談だけで終了する場合は後日問題になることはあまりないが，事件として受任する方向に進んでしまうと，誤った判断を早期に適切なものに改めない限り，大変な苦労を背負い込むことになる。
　イ　ある事実関係を前提とした判断
　　ある事案について法律的な判断をする場合に，相談者が重要な事実を開陳しなかったために，全体の判断が大きく狂うことがある。
　　法律相談において，事案についての判断をする場合，その判断をする前提として必要な事項（事実関係）は，なるべく前提事実を確認し，明確にした上でその事案についての判断をする。「前提事実がこれこれであるので，その事案の法律判断はこれこれとなる。」という説明をする。

　　検討 9-3　契約上の義務・不完全履行などの判断の難しさ
　請負契約や委任契約，特定物売買契約，継続的取引契約などにおいては，双方当事者の契約上の義務の内容が契約書（無い場合も多い）などからは一義的に明確にならない場合が多くある。また，契約書の記載内容と契約の履

行段階での当事者の意識にかい離が見られるケースも多くある。そうした場合には，相談者や相手方の契約上の責任（権利）がどこまであると言えるのかについては，両当事者の言動や，関連する文書上の記載，取引慣行などを慎重に見極めて判断する必要がある。ある場面を捉えれば外形上は債務不履行（特に，不完全履行）と見える場合であっても，契約の成立時の状況とその後の状況から債務不履行責任を問うことが困難なケースは珍しくない。

　法律相談において，事実関係をよく確認しないで，相手方の責任が簡単に認められるかのような判断や法律論を展開してしまうと，継続相談や受任の方向に向かった場合に，事件処理の方針や方向性の決定について，後々，大変な苦労をすることになる。

....

ウ　注意すべき相談者への対策（メモの作成等）

　相談者が独りよがりな性格であったり，理解力が十分にあるかどうかの疑問があるときは，法律相談カードや手控えのメモに相談の内容（事実関係の概要）をまとめる。また，弁護士からの説明は，一定の事実関係を前提とした判断であることの記録を残し，後日に備える。

　法律相談センターなどの法律相談において，相談者から弁護士会あてに理不尽なクレームが寄せられることが予想される場合がある。その場合には，速やかに法律相談の状況をまとめた報告書を作成し，弁護士会に提出したり，記録に綴るなどして備える。

....

検討 9-4　クレームへの対応のため作成した報告書の例

　以下は，法律相談センターの窓口に寄せられた他の弁護士へのクレームに関し，弁護士会・法律相談センター運営委員会あてに作成した報告書の例である。事務所は法律相談センターの受付の業務を受託しているため，時には，法律相談センターの相談に関するクレームへの対応をすることがある。

　本年（平成19年）○月○日に法律相談センターで行われた法律相談において，相談者が相談担当弁護士に関する根拠のないクレームを警察署に電話通報する事態が生じたので，報告します。

1 相談の概要 （略）
2 相談の内容と弁護士からの説明その他の対応
 (1) 事案の内容（相談カードの記載から）
　「情報開示請求をしたが，裁決が出て，不服の申立てをしている。裁決には二つの内一つの申請が受理されていないと書いているが，これはうそである。これは偽造であるので，刑事事件としてやっていきたい。」
 (2) 担当弁護士の回答（相談カードの記載から）
　「刑事事件にはなりません。当該手続の中で争うべきことです。」
3 クレームの内容等
　相談者は，相談担当弁護士が酒気を帯びていたと主張し，受付に苦情の申出をした。職員が担当弁護士のいる場所へ行って臭いをかぎ，酒気を帯びているかどうかを確認したが，酒気を帯びているようなことは全くなかった。相談が終了した後，相談者は，当該の法律相談センターあてに電話をしてきた。さらにその後，○○警察署に苦情の電話を4回入れたとのこと。○○警察署，生活安全課○○氏から，同日午後7時15分ころ，法律相談センターにその旨の連絡があった。
　担当弁護士が酒気を帯びていなかったことは，事務局の職員が確認しており相談者の言いがかりである。担当弁護士は，赤い顔をしていただけであり，相談者の意に添わない回答をしたことに対する腹いせと見られる。
4 従前の相談の経過の状況，コメント
　この相談者について，法律相談センターの相談記録を調査したところ，別紙「調査結果一覧記載」のとおり，今回の相談を含め，平成16年6月から，年1～3回の頻度で計8回にわたり，相談をしている。最近2回の法律相談カードを添付する。過去の相談内容の全てを把握していないが，同一ないし共通した案件である可能性が高い。前回，本年○月○日に相談したときの相談カードには詳細な記載がある。加害者とされているのは，保健所の医師，中学時代からの知人の男女，

> 東京地検特捜部の検事と様々であり，強い被害妄想が見られる。今回は，法律相談を担当した弁護士がターゲットになっている。
> 　本件の相談者は，今後他のセンターの法律相談を受ける可能性が高いため，相談を受けること自体を拒否するか，相談を受ける場合には，極めて慎重な対応が求められるところである。

　その後，この相談者は，弁護士会の法律相談センターあてに苦情の電話をし，相談料の返還を求めたが，弁護士会は，相談料を返還せよとの申出に応じなかった。

……………………………………………………………

第3 法律相談をするに当たっての工夫と留意事項

1 相談者との信頼関係を築く工夫

　僅か30分間の法律相談であっても，相談者との間で信頼関係を築くことができるかどうかによって，相談の成果，相談者の満足度は決定的に異なる。
　相談者からの信頼を得るためには，
　ア）法律相談の場がある程度気さくな雰囲気であること
　イ）法律相談の中で弁護士の見識が示されること
　ウ）弁護士の姿勢から公正さが感じられること
　エ）相談者の聞きたいこと知りたいことをくみ取ってもらえたと思えること
　オ）秘密の保持について安心して話ができること
が必要。
　そのための工夫をしていくこと。

(1) ある程度気さくな雰囲気（相談者が聞きたいことを聞き，言いたいことを言える条件）作り

　法律相談の場の雰囲気作りは，ある程度の厳粛さと親しみやすさがブレンドされたものであることが必要。
　弁護士は，法律実務のプロフェッショナルとして法律相談を受け専門的な知見に基づいた説明をすることが期待されているので，プロとしての威厳が必要。同時に，相談者が言いたいことを言い，聞きたいことを率直に聞くことのできる雰囲気であることが不可欠。
　家具，調度や（お茶を出す場合の）食器にも気を配ること。

> **検討 10-1** 雰囲気作りをどのようにするか
>
> 　私は，紹介を受けた人でもない一般の初回法律相談では，冒頭に，（親しみを込めて）「お待たせしました。」とか，「コートはハンガーにお掛けください。」，「相談カードを頂戴できますか。」，「（電車が遅れていたときは，）電車は遅れませんでしたか。」，「今日は寒いですね。」など何か一言声をかけてから相談に入るようにする。その一言に対する反応を見て，相談者との間合いの取り方や，相談者の気分を察し，相談者の性格を推し量るようにしている。
>
> 　弁護士の中には，会社の営業マンのような言葉遣いをし，へりくだったものの言い方，バカ丁寧な態度で相談者に尋ね，説明する人がいる。このような対応の仕方をすると，相談者は，自分は客であり客として丁重に扱われていると感じるが，同時に，その弁護士の権威を感じなくなる。このような雰囲気が一旦形成されると，弁護士の説明や回答は，相談者に対する説得力をもたなくなってしまう。
>
> 　相談者との対話は，弁護士が高みから見下ろすような形も，へりくだって申し上げる形も，いい結果をもたらさない。弁護士の権威と親しみやすさが程よくブレンドされたものとなるのがよい。

(2)　弁護士の見識を示すこと

　法律相談の中で，事案のとらえ方の的確さと深さ，法律的判断の的確さ，その事案をめぐる社会的な事情に通じていることなど弁護士の見識を示すことが大切。

ア　事案のとらえ方の的確さと深さ

　弁護士の見識は，まず，相談者の説明や相談者が持参した資料から事案を的確にかつ深くとらえることによって示される。予断や偏見を持たずに相談者の話を聞くこと，その事案の内容を判断する上でポイントとなる事実を押さえながら聞いていくこと，持参した資料から要点を素早く正確に読みとることが必要。

> **検討 10-2** 事案を的確に深くとらえること

　弁護士は，法律相談を受けたとき，法律相談で相談される内容がどういう事案に関するものであるのか，相談者はどういう立場で相談をし，何を望んでいるのか，相談された事案はどのように整理されるか，その事案の論点は何か，裏付けとなる資料はどの程度あると判断されるか，などを（多くの相談では）短時間のうちに把握する。相談者とそうしたやりとりをする中で，弁護士が事実関係をどのように把握し整理していくのかを示していくと，相談者自身が事実関係の整理をし，その事案を正確に理解するようになる。それとともに，相談者は，弁護士がその事案を深くかつ的確にとらえていることを理解する。

イ　法律的判断の的確さ

　法律的判断を的確に行うには，法律を知っていること，法律上の論点を把握し，論点を裏付ける事実，その証拠（資料）がどの程度あるのかを判断できること，その案件が訴訟で争われた場合に裁判所がどのような判断をするのかを想定できることが必要。

　また，実体法的な判断だけでなく，その案件を解決に導くための訴訟法，手続法上の問題点を把握し，その判断を合わせてすることが必要となる。

ウ　その事案をめぐる社会的な事情に通じていること

　その事案をめぐる社会的な事情に通じていると言えるためには，その業界（分野）の慣行にある程度以上通じていること，取引の事例や問題解決の事例を知っていること，その案件をめぐる金額の「相場」に通じていることなどが必要。

　弁護士は，法律のプロであると同時に，相談内容の事実が法律上どのように評価されるものであるのか，それにどのような対応をしていくべきかを法律実務の上で判断する点においても，プロとして位置づけられている。

　相談者が相談する案件について，弁護士が法律実務的に的確な判断をすることによって，弁護士の見識が示される。

検討 10-3 弁護士の見識

相談者は，相談した内容について，弁護士が見識を持っていると感じると，弁護士の話を真剣に聞き，自分でも考える。

相談者は，法律相談における弁護士から相談者への発問，弁護士の説明などから，相談する案件について弁護士がどの程度の見識があるのかを推し量り，弁護士の力量を評価する。

(3) 相談者が弁護士の姿勢から公正さを感じること

多くの相談者は，相談した事案について弁護士が法律実務家として公正な視点でものを見，判断していると思ったときに，弁護士らしさを感じ，その弁護士を信頼するようになる。

相談者の中には，弁護士が自分の意見に同調するかどうかによって弁護士の良し悪しを判断する人もいる。弁護士が相談者の意見に同調しないと，何とか弁護士を説得しようとしたり，相談した事案の内容を弁護士がよく理解できないからであると決め付けたり，弁護士にくってかかる相談者すらいる。こういった相談者であっても，その意見に無原則的な同調をせず，公正な立場で判断し，弁護士の判断を伝えることが大切。

検討 10-4 アカデミックハラスメントの相談での相談者の満足度

娘（社会人）が大学院院生時代に教授（女性）からアカデミックハラスメントを受けたことについて相談したいという母親からの相談。

ハラスメントの内容は，娘に対する侮蔑的な言動，修士論文についての指導の不適切，ゼミ旅行に関し高額の参加費を徴収したこと，論文集への投稿に際し電子データ（フロッピー）を同封しなかったところ郵便物の封を切らず返送してきたことなど。大学に申立てをしたが，ハラスメントであるとの判断はされなかった。大学の責任者への謝罪要求，教授に対しゼミの旅行費用の返還請求，損害賠償請求をすることについての相談。

冒頭，娘の記憶に基づき教授の言動を細かに記載したものと見られる大部

のメモを渡された。そのメモを読んだが，ところどころに言い過ぎではないかと思われる言動についての記載があったものの，一方当事者の記憶に基づくものである点を多少割り引いて考えると不法行為を構成するほどの内容とは見られなかった。旅行代金は多少高めの金額であるが，航空券の取り方やホテルの格から判断すると「高すぎる」とまで言えないように思われた。論文を送り返した点は，論文作成の指導そのものの問題ではなく，完成した論文をまとめた記念の論文集の作成に当たり，フロッピーが必要であることを告げられていたのにフロッピーを同封しなかったためと見られ，（教授の対応は，感情的な対応の仕方であるが，）ハラスメントとして不法行為を構成するほどの内容とは判断できないものだった。

損害賠償請求の訴訟を提起しても，大学側がその内容を争ってきた場合，裁判所に当方の主張を認めさせることは極めて難しいことを説明したが，相談者は容易に納得しない。大学あての謝罪要求の文案を持参していたので読んだところ，大学がこれに応じるとは思えなかったが，謝罪要求の文書として郵送し大学側の対応を見ることは考えられるのではないかと説明。相談時間は50分間に及んだ。

相談者は，この相談の感想を法律相談センターのアンケートに記載して回答した。弁護士としては，相談者の意に添う回答をほとんどしておらず，「非常に不満」ではないかと予想したが，結果は，「大いに満足」だった。相談者の訴える内容について具体的に判断を提供し，丁寧に説明したことが「公正な対応」と受け取られたものか。

……………………………………………………………

(4) 相談者が聞きたいこと，知りたいことをくみ取ってもらえたと思うこと

大多数の相談者は，聞きたいこと，知りたいことがあって弁護士に法律相談をし，弁護士からの説明を受けるため訪れる。相談者の聞きたいこと，知りたいことを弁護士が的確にくみ取り，回答や説明をしたと感じられるときに，相談者は，相談に来たかいがあったと感じる。

検討 10-5　隣地との境界，建物の越境に関する相談の事例

　相談者は，平成19年○月，夫婦で法律相談センターの相談に訪れた。夫は60歳。埼玉県在住。

　隣接土地との境界の位置を3年前に確認した。実測図も作った（相談時に持参しなかったので，内容は未確認。）。隣家は昭和34年頃の築造。当方の建物は昭和51年頃の築造。隣接土地の所有者は，相談者の親族。

　前面道路（建築基準法第42条第2項道路）に近い方の境界の位置には，隣接土地所有者の建物の外階段が敷地境界を越えて（平成元年から同5年頃までの間に）設置されてしまっており，階段の中程の位置に赤いペンキで印を付けて境界の位置を確認した。奥の境界点にはコンクリート製の境界杭が入れられている。

　隣地所有者は，（平成元年から同5年頃までの間に）隣地建物を増築し，当方の建物の外壁に接着する外階段を造り，増築部分の屋根は当方建物の屋根の上に一部重なるように造られてしまった。その屋根の雨樋の設置の仕方が悪く雨水が落ちるため，当方のトタン屋根の一部が腐食してしまっている（写真を持参）。

　この状況で，①越境した建物（部分）を撤去するよう隣地建物所有者に求めることができるか，②当方の建物のトタン屋根が錆びて腐食してしまっていることについて損害賠償請求をすることができるか，③隣家（建物）の一部が当方の土地にあることについて，地代などを請求することはできるか，④隣地所有者が敷地境界から越境して建物の増築をしたことにより，その部分の土地を（時効取得により）取られてしまうことにならないかを知りたい…というのが相談の内容。弁護士の回答，説明は，

① 　越境している建物部分を（直ちに）撤去するように求めることはできない。境界を確認するとともに将来建物の建替え，取壊しをする際に越境しないように建て替えることなどを合意，確認しておくことが多い。
② 　写真から判断すると当方のトタン屋根が錆びて腐食していることの主たる原因はその上の位置にある相手方の屋根から雨水が落ちてきていることと見られるので，該当部分の修理代を請求することはできる。屋根全体の

トタンの張り替えは，経年劣化による場合との区別が難しく，屋根の張り替え費用を全額請求することはできない。トタン屋根全部の張り替えをする場合は，その費用の何割かを請求するのが限度となる。
③　隣家の建物の一部が越境して建てられている点については，その部分の土地の地代相当額（1坪当たり月600円から700円程度か）を償金として請求するのが限度ではないか。建物所有目的の土地賃貸借契約とならないように注意すること。
④　越境部分について隣地所有者が所有の意思で占有を開始したと判断される場合は，時効取得の問題が生じる。平成元年頃に越境して増築したとすれば，20年間の占有による時効取得が問題となる余地があるが，双方の建物が入りくんで建てられており（土地の一部を）相手方が（所有の意思で）占有しているとは判断しにくい。3年前の境界確認の際，建物の一部が越境していることの処理に関し明確な合意がされていない。実測図を添付し，相手方が将来建替えるときは境界の相手方側土地内に建てる旨の合意文書を作成してはどうか。
という内容。相談者は，これまでに法律相談をしたことがあるが，今日のお話は，とてもよく分かりました。こちらに来ればまた相談に乗っていただけますかと言うので，弁護士の名刺を交付し，必要なら相談の予約をして下さいと話した。相談時間は，30分間ちょうど。

　　　　　……………………………………………………………

(5)　秘密の保持などについて安心して話ができること
　ア　相談内容を相手方や世間に知られてしまうのではないかと心配する相談者
　　あまり多くはいないが，相談者によっては，自分の話す内容や，関係者についての情報が相手方に漏れたり，世間に流布されてしまうのではないかと心配する人がいる。
　　弁護士は守秘義務を負っており，相談者の秘密が相手方などに流れるという心配をしないように，相談者に説明をする必要のある場合もある。

検討 10-6　弁護士の秘密保持に関する弁護士法上の規律

(ア)　弁護士法第23条の秘密保持の「権利」と「義務」

　　弁護士の秘密保持について，弁護士法第23条は，「弁護士又は弁護士であった者は，その職務上知り得た秘密を保持する権利を有し，義務を負う。但し，法律に別段の定めがある場合は，この限りでない。」と規定している。

　　職務上知り得た秘密の保持は，弁護士の「権利」でもあり「義務」でもあるということを知っておく必要がある。

　　弁護士が職務上知り得た秘密を保持する「義務」を履行することを保障するために，第三者に対する「権利」として規定されている。

(イ)　「権利」であることの内容

　　「権利」であることについては，例えば，刑事訴訟法第105条本文に「医師…，弁護士（外国法事務弁護士を含む），…の職に在る者又はこれらの職に在った者は，業務上委託を受けたため，保管し，又は所持する物で他人の秘密に関するものについては，押収を拒むことができる。」と規定されているように，弁護士法以外の法律においても具体的な形で規定されている。他に，刑事訴訟法第149条本文の証言拒絶権，民事訴訟法第197条第1項の証言拒絶権，など。

　　弁護士法第23条ただし書の「法律に別段の定めがある場合は，この限りでない。」については，例えば，刑事訴訟法第105条ただし書に「但し，本人が承諾した場合，押収の拒絶が被告人のためのみにする権利の濫用と認められる場合，…その他裁判所の規則で定める事由がある場合は，この限りでない。」などの形で，弁護士が秘密保持の権利を行使することの限界を定めている。

(ウ)　「義務」と「権利」の関係

　　弁護士が秘密保持義務を負う場合において，刑事訴訟法第105条本文の証言拒絶権を行使せず，証言をしたとき，弁護士は秘密保持義務違反となるのかどうか，という論点がある。また，証言したことが刑法第134条に規定する秘密漏示罪（刑法第134条第1項「…弁護士，弁護人…が，正当な理

由がないのに，その業務上取り扱ったことについて知り得た人の秘密を漏らしたとき…」）に該当する犯罪となるか，という論点もある。

　これらの論点については，簡単に結論を導くことができないくらい，限界的な問題を含んでいる。総じて言うならば，証言拒絶権が認められているにもかかわらず証言をし，秘密保持義務違反であるとして懲戒請求された場合や秘密漏示罪違反であるとして告訴，告発されたような場合，「証人として証言する義務があるので証言した」というだけでは「正当な理由」と言えず，それだけで免責されないことは確かである。

　業務上取り扱ったことについて知り得た秘密を第三者に開示することが許容されるのは，「正当な理由」のある場合や法律の規定により開示を正当化する根拠のある場合に限られる。

....

イ　同じ事務所の他の弁護士や事務職員に知られることを危惧する相談者

　相談者の中には，相談の内容はその弁護士だけしか知らないようにして欲しいという人がいる。性犯罪の被害者などで極めてナーバスになっているような場合もある。

　特別の事情がないにもかかわらず相談者が極端な秘密主義の姿勢をとり，同じ事務所の弁護士や事務職員にも相談の内容を知られたくないという意思を表明する場合は，法律相談における対応の仕方，事件を受任するかどうかについて，慎重に判断する必要がある。

　弁護士は，同じ法律事務所に所属する他の弁護士や事務局の職員には，相談者・依頼者のプライバシーに属する情報が伝わることは当然にあるという認識をもって法律相談に臨むのが普通である。同じ法律事務所内で相談者・依頼者の情報を秘匿する必要のあることはほとんどない。受任した事件（法律事務）を適正に処理する目的でカンファレンスにおいて取り上げたり，事件検討をするため，他の弁護士と情報を共有する必要があるのが普通である。

　同じ法律事務所の他の弁護士や事務局の職員に情報が伝わることを極端に嫌う相談者に対しては，相談者，依頼者に関する情報は原則として法律事務所内で共有されるものであることを説明し，それを許容できないようであれば，法律相談そのものに応じられないことを表明するべき場合もある。

検討 10-7　同じ法律事務所の他の弁護士，事務職員の秘密保持

【検討10-6】を読むと，弁護士にとって，「秘密保持」は極めて重い責任を負う事項であることが分かる。秘密保持の義務を負う者としては，「医師，歯科医師，助産師，看護師，弁護士（外国法事務弁護士を含む。），弁理士，公証人，宗教の職に在る者」（刑事訴訟法第105条本文）が挙げられており，いずれも，職務上他人の秘密に関する事項を取り扱う者である。

他方で，職務上知り得た秘密は，同じ法律事務所，同じ弁護士法人の内部では，当然に共有されるのが原則形といってよい。

弁護士職務基本規程第23条は，「弁護士は，正当な理由なく，依頼者について職務上知り得た秘密を他に漏らし，又は利用してはならない。」と規定し，共同事務所において「他の所属弁護士の依頼者について職務上知り得た秘密」（弁護士職務基本規程第56条），弁護士法人において「執務上知り得た秘密」について，同様の規定を置いている。

法律事務所の事務職員，司法修習生などが秘密を漏らさないよう「弁護士は，事務職員，司法修習生その他の自らの職務に関与させた者が，その者の業務に関し違法若しくは不当な行為に及び，又はその法律事務所の業務に関して知り得た秘密を漏らし，若しくは利用することができないように指導及び監督をしなければならない。」との規定（弁護士職務基本規程第19条）も置かれている。これらの規定は，共同事務所や弁護士法人において，その事件を担当する弁護士以外の事務所の弁護士，事務職員，修習中の修習生などが「秘密」を知ることがあることを前提としている。

共同事務所において別々の弁護士がそれぞれ相手方から事件を受任することが禁止されている（弁護士職務基本規程第57条，第58条）のは，ある事件の依頼者の情報が担当（受任）弁護士だけでなく，他の所属弁護士に伝わる（可能性のある）ことを前提としている。その場合，「職務の公正を保ち得る事由があるとき」を除き，双方から受任することを禁止し，弁護士の職務の公正を確保するのである。

相談者が，相談を担当した弁護士以外の弁護士や事務職員との関係で，相談内容を秘密にすることを求めることは，多くの場合，必要もないのに弁護

士にとって過大な守秘義務を負わせようとするものとなる。弁護士の守秘義務の内容をきちんと説明し，過大な要求には応じないことも，ときに，必要となる。

ウ　相談者の親族や相手方に知られることを危惧する相談者

相談者の内には，法律相談をしたことや，法律相談の内容，相談者の住所・勤務先などを相手方に知られることを極度に恐れる人がいる。また，法律相談をしたことを相談者の親族に知られたくないという人もいる。

法律相談を受けるだけの場合であれば，相手方については，法律相談をした事実を知られるような心配をする必要のないことを説明すればよい。

相談者の親族については，法律相談を受けたこと自体を法律事務所などから知らせることは，通常ないが，法律事務所からの年賀状などを（1回だけの）相談者にも送るようなシステムをとっている法律事務所では，「連絡（年賀状送付）不要」などの措置をとるべき場合もある。

1回の法律相談だけで終了せず，継続相談となった場合や，事件として受任した場合に，相談者の親族や相手方に知られないようにしたいという相談者もいる。ドメスティックバイオレンスの事件で夫から身を隠している妻や，サラ金からの借金を家族に言えないでいる多重債務者，不倫に関するトラブルでそのことが配偶者に知られていない本人など，様々なケースがある。

知られると困るという事実の内容や，誰に知られると困るのかによって異なるので一律には論じられないが，弁護士に法律相談していること自体を絶対知られたくないと言いながら，弁護士から相談者（依頼者）本人に連絡をとることを求め，連絡方法について細かな制約を加えようとするような人もいる。そうした人に対しては，事件を受任する場合，依頼者の同居の親族に知られないようにして事件処理をすることはできないので，最小限度の（知られないようにするための）対応をすることはあっても，連絡方法について細かな制約を受けることは（弁護士として）承諾できないことや，（そのような制約を受けるのであれば，）事件（や継続相談）を受けられないことを表明すべきこともある。

検討 10-8 依頼者の「秘密」を交渉の相手方に開示することは秘密保持義務に違反するか

　弁護士は職務上知り得た依頼者の秘密を保持する義務を負う（弁護士法第23条）が，依頼者の代理人として相手方などと折衝する場合，折衝する内容に関連して必要な事項については，例えそれが依頼者の秘密に属する事項であっても開示しなければならない場合がある。代理人として本人（依頼者）に代わって折衝する以上，本人が説明責任を負う事項については，代理人弁護士がその事実を開示するべきか否かを判断し，必要に応じ開示することがある。弁護士がその職務を適正に遂行するために必要な秘密情報の開示は，弁護士職務基本規程第23条に規定する（秘密を開示することの）「正当な理由」となる。
（依頼者の情報開示をすることを拒否され関係者に対する説明を拒否した例）
　Aは，借地権付建物所有権を第三者に譲渡した形を作った上，自己破産の申立てをし，破産宣告，免責を受けた。地主から借地権の無断譲渡を理由に契約解除の意思表示がされ，建物のローン債権者である銀行からも残債権全額を支払うように催告された。銀行には，親族から多額の借金をして残債務全額を弁済。建物の登記名義は元に戻した。
　その後，弁護士に依頼して地主と交渉し，結局，地主（土地所有者）と借地人（借地権者，建物所有者）が共同して土地・建物を売却することになり，売買の仲介を不動産業者に依頼することになった。地主は，仲介業者にAが建物の名義を変えて破産をしたことを知らせたため，仲介業者は弁護士にその事情の説明を求めた。ところが，Aは，破産したことは個人の秘密なので，弁護士は秘密を守る義務があるのだから，その事実を仲介業者に話すことはしないでくれと弁護士に申入れた。
　弁護士は，仲介業者から説明を求められれば，建物の登記名義をいったん他人に移しまたそれを戻していることの理由を説明せざるを得ないこと，その原因となった事実（Aが破産宣告を受けていること）についてもある程度は仲介業者に説明せざるを得ないことをAに話した。しかし，Aから再度破産した秘密を話さないでくれという申入れを受けたため，弁護士は，仲介業者

に対する説明を適正に行うことはできないと判断し，仲介業者が面談を求めて法律事務所を訪れた際，弁護士からは説明できないので本人（A）から説明を受けて欲しいと話し，説明することを断った。

　説明をする場合，ある事実を秘匿すると，全体の事実関係を正確に説明できなくなることがある。その事実を相手方や関係者に話すことは，代理人が本人に代わって説明をするに当たって要求される説明責任の内容であるといってよい。それにもかかわらず，本人（依頼者）がその事実を秘匿するように求める場合，弁護士は，相手方に対する説明責任を適正に果たすこととなるのか，依頼者の「秘密」保持とその事案の処理の必要との関連性などを判断し，秘密を開示する「正当な理由」となるのかどうかを判断して対応しなければならない。

2　本人と本人以外の区別と対応

(1)　本人でなく，親族，友人が相談に来ているとき

　相談者が事件の当事者でなく，当事者の親や子，友人などである場合，本人が相談に来ていないことの理由を確認する。

　相談に来た者が本人の親族であり，本人が未成年者であったり，高齢で相談場所に訪れることが困難であったり，所在不明であったり，外国に居住しているような場合であれば，相談をすることが本人の意思に反するものであるかどうかを聞いた上，本人に準ずる立場の人からの相談として，法律相談を受ける。

　相談を受ける人がその案件の本人ではないが，その相談者が本人のために相談を受けるのはやむを得ない事情によると判断される場合以外は，法律相談の中で弁護士からアドバイスする範囲や内容を限定して説明し，それ以上は，本人が直接に法律相談を受けるようにアドバイスする。

検討 11-1　親が，結婚している子の離婚についての法律相談をするケース
　結婚している息子や娘の離婚手続をどのように進めたらよいかという相談

をする例は少なくない。こうしたケースの多くは、本人が離婚を望んでいるのかどうか定かではない。恐らく本人が離婚を考えるより親が離婚させたいのだろうと思われるケースが多い。

こうした相談では、親の欲目でものを見ているので、相手方に不貞行為があるとか、家庭内暴力があるとか、配偶者を省みない生活態度であるとかの説明を受けても、額面通りに受け取ることができない。

事案の中身に踏み込んだ判断やアドバイスをせず、本人が相談に来るように言い、必要に応じ名刺を渡すなどして、つなぐことが多い。その場合でも、親が弁護士の権威を借りて息子や娘の生活をコントロールしようとする姿勢があまりに強いと感じられるときは、まず本人から弁護士に電話をするように伝え、電話で本人の意思を最小限確認した上で、親が同席しないようにセットして法律相談を受けることもある。

検討 11-2 他人の事件に関する法律相談と事務管理、第三者のためにする契約

相談者が他人の財産や事件についての法律相談をするケースの中には、その他人が行方不明で、他人の土地建物や動産類、預貯金などを保全したり処分する必要がある、という場合がある。この場合は、相談者による他人の財産の「事務管理」（民法第697条以下）という相談者自身の法律問題となる。その財産の管理のための保存行為などはできるが、「処分」は原則としてできないこと、管理行為を開始した場合、そのことを遅滞なく本人に通知する義務が発生することや、本人などがその財産の管理をすることができるようになるまで管理を継続する義務が生じることなど様々な責任が生じることを認識して「管理」のための行為を行うかどうかを判断する必要がある。

（刑事事件で勾留中の被疑者の友人から、その被疑者の財産の保全、他人に対する損害賠償請求などを依頼されたケース）

刑事事件の被疑者（男性）の友人の女性（婚約者か？）から法律相談を受け、この女性を依頼者として事件を受任したケースがあった。受任の範囲は、男性所有の自動車を第三者が持っていってしまい勝手に使用しているのでその返還を求めること、この第三者に脅され、男性が多額の金銭の支払をしてしまったのでその返還（及び損害賠償の）請求をすること、この第三者を刑事

告訴すること，などだった。

　このような事件は，本人の身柄が拘束されているため，その女性から弁護士報酬の支払を受けることになる可能性が高い（このケースでは，現に，女性から着手金を受け取った。）。しかし，男性から事件の依頼を受け男性を依頼者として事件を受任しないと，女性が「事務管理」として行うことのできる範囲での事件受任となる。「事務管理」として相手方に請求をする場合，請求の主体は女性となり，弁護士は事務管理者である女性の代理人となる。

　このケースでは，その点をあいまいにしたまま事件を受任し，女性と弁護士との間で「第三者（男性）のためにする契約」という形で，委任契約を締結してしまった。その上で，本人（男性）の（推定的）承諾があると判断し男性の代理人として事件処理を行った。しかし，このようにあいまいな受任をして事件処理を行うと，重要な場面で本人（男性）の意向に沿わない事態が生じやすく，トラブルが発生する可能性の高いものとなる。

　このようなケースでは，事件が男性自身の事件であること，事件を受任する場合は，勾留中の男性と面談し，男性からの依頼を受けた上で受任すること，事件処理に関する重要な方針は男性と弁護士との協議により決定すること，弁護士報酬やその他の費用は女性が（当面は）負担すること，事件の帰すうに関わる重要な事項については，弁護士から男性に直接報告することなどを明確にする必要がある。

　このケースでは，依頼関係があいまいなまま事件を受任し，その後，トラブルが発生し，男性とも女性とも連絡を取らない状況のまま，「終了」の方向に進んだ。

検討 11-3　利益相反の可能性があるかどうかのチェック

　相談者が，自分のことではなく兄弟など親族の財産上の問題について相談をしてきたような場合，遺産相続に際し，（将来）利益相反の問題を生じるケースもあるので，注意して対応する。

　例えば，相談者Aの長兄Bが生存中の父親Cから財産分与を受けた建物（B名義）が母親D名義の土地に建てられており，土地の利用権の内容が明確でないので明確にするにはどうしたらよいか，というような相談がされることがある。この場合，相談者Aが母親Dの意向により母親Dを代弁し，母

親からの情報提供を受けて相談したのであれば，母親Dからの相談を受けた場合と同様の関係が生じることもある。

　将来，父親Cが死亡した場合，法定相続人となる相談者A，母親D，長兄B間の利害が一致せず共同相続人間の紛争になる可能性がある。その時点で，相談者A，長兄B，母親Dのいずれかから事件受任の依頼を受けたときは，弁護士法第25条第1号の規定により受任することが禁止される「相手方の協議を受けて賛助し…た事件」に該当するかどうかを判断し，母親Dを相手方とする調停であれば受任しないなど，慎重な対応をする必要がある。

(2) 相談者が他人の抱える法律問題の相談に来る場合

　以前事件の依頼者だった人が，その知人が法律問題を抱えていることを知り，「いい弁護士を紹介する。」とその知人に持ちかけ，その知人から頼まれたとして，以前の依頼者が弁護士のもとに（知人の法律問題について）相談に訪れることがある。その場合は，事件の紹介を受けたものとして対応する。以前の依頼者からその知人の法律相談を受けるときは，概要を聞いてそれに答える範囲にとどめ，知人自身が相談をするように段取りをする。

　相談者が（あまり親しいとも思えない）他人の抱える法律問題の相談をしたいと言ってくる場合がある。

　これまでに事件を受任したこともない人から法律相談を受け，相談者が（その知人である）他人の抱える法律問題の相談をするときは，事実関係に深入りして相談を受けないようにする。法律問題を抱える本人から法律相談を受けた方がよいと思われる場合は，相談者には，本人と弁護士の橋渡しをし，つなぐ限度で，対応するようにする。

検討 11-4　他人の紛争について相談に来たケース

　新宿法律相談センターで，40代の男性から相談を受けた。
　相談者自身の相談ではなく，知人の会社で抱えている問題について相談に乗っており，その件で聞きたいのだという。その会社の関係者でなければ相談を受けることも難しいと言ったところ，相談者は，自分の知り合いでもあ

るし，自分は行政書士で，いろいろ相談に乗って来たが，法律問題であり判断できないので相談に来たという。

事案の概略を尋ねたところ，店舗の食材の仕入れを任せていた人間が過大な仕入れをして多額の負債が発生しており，その人間を辞めさせたが，代金の支払をめぐって取引先とトラブルになっているとのこと。

そのような問題は，契約書，商品の発注書，取引の内容・金額，問題となった人間の社内における地位などを正確に把握しないと判断できないことを説明したところ，相談者からこの会社に連絡し資料を持って相談に来させるという。2週間ほどして会社の役員が多少の資料を持って相談に来た。

内容を聞くと，既に訴訟になっている案件だった。弁護士に依頼しているが，多額の弁護士費用を払ったのに，その弁護士の争い方では「弱い」ので敗訴的な和解をせざるを得ない状況にあり，何とかならないかという相談。持参した資料は少なく，この事件の訴訟の帰すうを判断できるようなものではなかった。事件を担当している弁護士の作成した書面もなく，受け取っていないとのことだったので，担当弁護士から訴訟上の書面，資料を受け取り，状況についてよく打合せをすることを勧め，そうした上でさらに法律相談を受けることを希望するなら連絡をください，と言って相談を終えた。その後，連絡はなかった。

この最初の相談者（行政書士）は，その後も法律相談に訪れ，別の他人の相談を複数持ちかけてきた。そのうちの1件については，弁護士が関与した方がよい案件かもしれないと思われたので，その本人からの相談を受ける意向を示したところ，後日，電話で，その本人の自宅に来てくれという連絡が入った。初回法律相談で，こちらから出向いて相談を受ける意思のないことを伝え，断った。

検討 11-5　非弁護士との提携の禁止

弁護士法第27条は，「弁護士は，第72条乃至第74条の規定に違反する者から事件の周旋を受け，又はこれらの者に自己の名義を利用させてはならない。」と規定し，「非弁との提携」を禁止している。この規定に違反した場合は，2年以下の懲役又は300万円以下の罰金に処せられる（弁護士法第77条第1号）。

弁護士職務基本規程第11条は，弁護士法第27条の規定する禁止の範囲を広げ，「弁護士は，弁護士法第72条から第74条までの規定に違反する者又はこれらの規定に違反すると疑うに足りる相当な理由のある者から依頼者の紹介を受け，これらの者を利用し，又はこれらの者に自己の名義を利用させてはならない。」と規定している。

世上「非弁提携」と言われることが多いため，弁護士でない人と提携することが全て禁止されるように勘違いしやすいが，弁護士でなく，弁護士法や他の法律上認められないのに，報酬を得ることを目的として弁護士の行うことを業として行うことを「非弁行為」という。

相談者から相談者以外の人（他人）の事件についての法律相談を受けたり，他人を紹介されたりすることが非弁提携になるのではないかと心配するべき場面はあまりないが，人や事件を紹介されたときに，弁護士が紹介者とは別の独立した存在として相談に応じたり事件を受任すること，紹介を受けたことの対価を支払わないこと（弁護士職務基本規程第13条）などをしっかり実行することが大切。

検討 11-6 「非弁行為」とは何か

「弁護士法第72条から第74条までの規定に違反する行為」について，全くの無資格者（整理屋）が弁護士の名義を使用して債務整理を業として行った場合に，弁護士が（弁護士法第27条違反として）処罰される例が多いが，司法書士，社会保険労務士，行政書士などがその職務範囲を超えて業務をした場合，（弁護士法第72条違反として）現実に処罰の対象となるかどうかについては，弁護士会や各士業の会の間で，かなり激しい争いがある。

建築士については，「建築士は，設計…及び工事監理を行うほか，建築工事契約に関する事務，建築工事の指導監督，建築物に関する調査又は鑑定及び建築物の建築に関する法令又は条例の規定に基づく手続の代理その他の業務を行うことができる。ただし，他の法律においてその業務を行うことが制限されている事項については，この限りでない。」（建築士法第21条）とされている。宅地建物取引業者については，「宅地又は建物の売買又は交換の代理を依頼する契約」（宅地建物取引業法第34条の3）を締結することが明文で認められている。

マンションの建築計画について建築士が施主の代理人又は説明補助者として近隣説明会に登場し，紛争となりかかっている案件の一方当事者の代理人のような役割を果たす場合や，宅建業者が紛争をかかえた物件の売主の代理人として登場してくる場合もある。これらの行為が直ちに弁護士法第72条の規定に違反すると見られる場合は少ないが，事案が明確な紛争状態となっている場合，弁護士から，不動産業者などがその一方当事者の代理人となることは弁護士法第72条に違反することを指摘し，交渉の場に登場しないように警告することもある。

平成20年，Ｓコーポレーションが東京千代田区のビルの入居者（賃借人）74人への明渡し請求を大阪の不動産会社（暴力団関係者が経営）に請け負わせ，対価（約40億円）を得て立ち退き交渉をしたことが弁護士法第72条に違反する非弁行為として摘発され，報道されて注目を浴びた。刑事事件の第一審判決は，不動産会社の社長ら６人に懲役２年から１年（執行猶予付），会社らに追徴金15億円余，不動産会社の銀行預金口座の9,400万円の没収。この事件発覚後，Ｓコーポレーション（ビルを所有していた東証２部上場の会社）は，民事再生法の適用を申請し，上場廃止となった。

(3) 本人と親族，友人が一緒に相談に来ているとき
ア 相談する主体が本人であることを明確にする

事件の本人と親族，友人などが一緒に法律相談に来ている場合は，相談の主体は本人であることを明確にした上で，本人からの説明を中心にして相談を受け，弁護士から説明する場合も本人が理解できるように説明をする。

本人が肝腎の事実関係を余り覚えていない場合や，本人の事実認識が大きく誤っており身近な親族などの方が正確に説明できるという場合もある。しかし，特に初回法律相談においては，本人の認識や理解度，本人が弁護士と会った最初の時点でどういう認識であったのかは，後に振り返って見たときに重要な意味を持つことが多い。本人が事実関係をあまり覚えていない場合は，まず，弁護士から本人に質問し，本人の答え（説明）を聞いた上で，同席した親族などから補足的に説明してもらうようにし，本人の（あやふやな）

認識の状況と，それにもかかわらず本人の印象に残っている点などを，なるべく正確にメモして残すようにする。

　本人以外の者が同席しているために本人が話しにくいような事情が察せられるときは，本人以外の者に席をはずしてもらうように言うべき場合もある。同席した人に（いったん）退席してもらう場合は，相談開始後なるべく早い段階でそのことを伝える。同行者が退席している間に本人から話がされ，その内容を同席していた人に確認する必要があるときは，本人からの説明が終わった後，再度同席してもらい，事実関係の確認などを行う。

　相談を受ける中で，同席した親族などから本人に，「この先生に（事件処理を）お願いしなさいよ。」とか，「○○しなさい。」などと事件処理の基本にかかわる意思決定を迫るような場合もある。本人が同席した親族などの意見と異なる意思であることが見て取れる場合や，本人が自分の意思で方向を選択するべきであると判断される場合は，弁護士から，意思決定は本人がするべきことを述べたり，その場で方針の決定をせず，後で本人が考えて決めるように言うこともある。

イ　同行した人との話を中心に据えない

　初回法律相談であるにもかかわらず，相談者本人ではなく同行した親族や知人が中心となって事実関係の説明をしたり，弁護士への質問をしてくる場合がある。

　相談者側から弁護士に事実関係を説明する場合は，直接にその事実を体験した人から説明してもらうのが基本となる。同行した人が体験した事実はその人から聞くべきだが，本人が体験した事実は本人から聞くようにする。また，本人が別の他人から間接的に聞いた事実は，本人がどのように聞いたのかを確認する必要もあるため，本人がどのように聞いたのかを本人から説明してもらう。

　特に，相談者本人の身分の変更・決定にかかわる点や本人の意思が問題となる点では，相談者本人の説明とともに本人の意思や希望を中心に据えて相談を受ける必要がある。

　本人以外の人がその案件についての事情をよく知っており的確に説明できる場合であっても，本人の意思決定にかかわる部分などは，相談者本人から

説明を受けるようにする。本人の意思を離れ同行者の考えにより法律相談が進行してしまうことのないように気を付ける。

3 事実関係を整理して理解するためのメモや図式の活用

(1) 法律相談を受けながらメモを作成する
ア 事実確認をしつつ事案を整理するためのメモ

相談者の話を聞きながら事案を整理するため，メモを取るのが効果的。

不動産関係の法律相談では，概況を理解するために，土地の面積，建ぺい率，容積率，用途地域，建物の階数，床面積，不動産の売買価格や工事価格，売買契約（請負契約）の年月日，完成（引渡し）の年月日などをまず確認し，メモすることが多い。

道路との関係が問題となる事案では，土地の形状と道路の位置関係が重要。相談者の持参した図面を見て確認するほか，土地の形とそれに接する道路の状況を図形でメモし，「道」が建築基準法第42条第1項各号に該当する道路かどうか，第42条第2項の道路（いわゆる「2項道路」）に該当するのかどうか，いずれにも該当しない「私道」，「通路」や「路地上敷地」に該当するのかをメモすることが多い。

時間的な変化や経緯が問題となるケースでは，主要な出来事の年月日と内容をメモしながら相談を受けると，事案の整理がしやすい。

離婚事件では，婚姻届をした日（同居を開始した日），別居した日，離婚届をした日がまずポイントとなる。相続事件では，相続開始の日，（法定相続人が）相続開始を知った日がまずポイントとなる。

契約関係の案件であれば，契約締結の日，契約上の履行期限の日，契約金の約定の支払日と実際に支払った日（及び金額）がまずポイントとなる。また，債務不履行があったかどうかを判断する上で，債務の内容（事項）や，債務不履行とされる事項をメモしていくことが多い。

メモは，法律相談カードに記載する内容の下書きとすることもある。また，後日，再相談を受ける場合，事案の内容とその後の進展の状況，その間の相

談者の対応の内容などを判断する上で，有力な資料になる。

検討 12-1 相談を受ける中でのメモの取り方

（住宅リフォーム工事の代金をめぐるトラブルの相談の事例）

　相談者は70歳代の女性。平成19年○月○日，住宅リフォーム工事の件で相談に訪れた。

　住宅のリフォーム工事をめぐるトラブルの事例であれば，通常は，まず，工事の概要を契約書などで確認する。

　この相談では，相談者が資料をバッグから出しながら，堰を切ったように話し始めたので，最初に工事の金額を質問した。工事金額は1,200万円。住宅の全面リフォーム工事であることを確認，メモした。

　次に，工事がどの段階にあるのか（未着手か，工事中か，終了したか）を確認した。どの段階にあるのかによって，その後の対応の仕方は大きく異なる。このケースでは，全面リフォーム工事が平成19年3月に完成，6月に引っ越しがされその後半年近くを経過していた。その点をメモ。

　相談者は，建物の（コンクリート製の）基礎に約10センチの亀裂が入ってしまったこと，建材に古い木材を使っていること，廃材の処理費用が高すぎること，断熱材を入れるはずなのに入れていないことなどから，工事代金の内900万円は支払ったが300万円を支払っていない，と説明。大手の業者にも聞いたが，残金を払わなくてよかったと言われたという。持参した工事中の写真を示しつつ，請負工事代金の一部を支払わないことが正当であるという弁護士の判断を期待しているようだった。

　工事の請負契約書はありますか，と聞いたところ，作成していないとのこと。見積書はありますか，と聞いたところ，持参した見積書を取り出して見せた。かなりしっかりした見積書が作成されていた。見積書（と工事中の写真）を確認したところ，木造建物の躯体を鉄骨などで補強し，既存の壁面の構造を維持しながら壁面内部をはつり，壁面内部にボードを貼り，床のフローリングをし，かなりの規模の電気工事，水回りの工事をし，システムキッチンなどを入れる工事となっていた。屋根については補修，塗装程度であるが，それ以外は，躯体の補強，内装・設備工事を中心としたかなりの規

模のリフォーム工事であることがうかがわれた。見積書の内容は，建物に関する材料費が少なく大工の手間賃が多くなっており，状況に見合った見積もりとなっていた。

　これだけの工事をするには，事前に建築確認をとる必要があると考えられた。建築確認申請をしていないのではないかと予想し，「建築確認はおりているのですか。」と聞いたところ，「建築許可はもらっていない。」との返事。ついでに，区の方へ相談に行ったが，「建築許可がされていない工事なので対応できないと言われた。」との説明があった。

　「契約書なし。見積書（あり）。建築確認なし。」とメモ。

　以上から，ほぼ問題点は明らかとなった。古い建材を使っているという点は，この建物の前からの建材であると思われること，元々の躯体を維持しながら，鉄骨などで補強し耐震性を強化していると見られること，電気工事，水回り工事なども行われていることなどから見て，工事見積書から明らかにおかしいと言える点は見られないことを説明。

　基礎のコンクリートに生じたクラックがどの程度のものであるのかを示す資料や写真はなかった。工事の施工状況について見ておらず，弁護士が見ても判断できるものではないので，建築士に施工状況と不具合の箇所について「診断」してもらう必要がある。建築士から見て施工内容に問題があるとか，未完成であるとかの判断がされるのであれば，それを根拠に残代金（の一部）の支払を拒むことは可能である。このままでは，相手方から訴訟を起こされる可能性がある。建物の不具合について建築士の判断が得られないと訴訟でも厳しいのではないか，と説明。

　メモには，「建築士に評価を頼まないと分からない→診断→見積もり，設計図」と記載。相談カードには，「建築士に，設計図，見積書を見せて現地できちんと評価してもらう必要がある。その診断結果を見なければ，300万円の支払拒絶という対応が相当なのかを判断することができない。」と記載。

　相談者は，家の近くにある建築士の会館に相談に行ったが，建築確認をとっていない工事であるとして断られたことを，この段階で明らかにした。

　相談者は，このまま業者から訴訟を起こされればかなり厳しい状況となることを知り，改めて，建築士に当たってみるとの意向を示し，相談を終えた。

相談時間は，約25分。

検討 12-2 刑事事件の被疑者から法律相談を受けた際作成したメモの例

次のメモは，私が法律相談を受けている間に同席した弁護士が作成したもの。相談者は30歳代の男性。相談の項目はメモされているが，弁護士の回答，説明の記載がない。

```
19. 8. ○○    15:15～15:45
起訴されそう  暴行，電車内，V＝女性（3○才）
H18. 12月  けられたので，けり返した，女性の腹部
H19. 8月   略式罰金10万円と言われた　応じないとどうなるか
           ○○（東京地検八王子支部）
前科がつくとどういうことがあるか　一生消えないのか
他の事件を起こしたときinf.あるか　交通事故など
誰が照会できるか　弁護費用
```

私が法律相談カードの回答欄に記載した内容は，

> 略式罰金に不同意の場合，公判請求される可能性がある。罰金も前科であるが，資格要件で問題になることはほとんどない。無罪主張できるだけの材料がなければ，略式に同意すべき。これから示談しても，刑は変わらないと思われる。

だった。

……………………………………………………………………

イ　相談者に説明をするためのメモ

事案によっては，相続人関係図を即席に作ったり，土地問題や建築問題について図解して説明したり，考えられる方策・手続を列挙してメモしたりすることがある。

住宅用土地建物の建売やいわゆる建築条件付土地売買のケースでは，売主と買主，建物新築工事の注文主と請負業者，下請業者，不動産仲介業者の関係が錯綜し，相談者がその関係をよく理解していないケースもあるため，契

約書などで確認をしながら，各関係者を図示して確認をしながら説明するようなこともある。

　私の場合，ときどき，相談者からそのメモを欲しいと言われることがある。大抵の場合，私のメモを欲しいと言われると，渡すことにしている。

検討 12-3 区分所有建物における漏水と損害賠償

　相談者は，平成23年12月，法律相談センターで相談をした。

　相談者が所有する分譲マンション（築5年）の専有部分の天井から水漏れがあった。天井裏には上の階の排水管が通じておりこの排水管から漏水していたことが判明した。漏水の原因は，新築時の排水管の施工不良と考え，管理業務を委託している管理会社（施工会社の関連会社）に修理を要請。ようやく修理工事が行われることになった。この場合，どこまで修理工事を行うことを求めることができるか。またどの範囲・額の損害賠償請求ができるか。

　相談者は図面，資料を持参しなかった。

　このケースでは，上の階の床スラブから下の階の天井パネルまでは，共用部分になるものと見られた。したがって，共用部分内の排水管にもともとの瑕疵がある場合，その修理の請求は管理組合が行うべきことになる。また，施工不良や漏水により生じた共用部分内の補修に要する費用などは管理組合からの請求となる。これらに対する支払がされたときは，管理組合の収入となる。

　天井パネルの下側に貼られたクロスは専有部分とされると見られるため，クロスの張り替えや，漏水による家具，床カーペットの汚損による取替え，クリーニング等の損害は下の階の区分所有者からの請求となる。

　専有部分と共用部分の区分を図示し，請求の主体が異なることをメモしながら説明したところ，説明部分を含めそのメモを欲しいと言われたので，そのまま相談者に交付した。

------

(2) 相談者がメモを取る場合

　相談者自身が法律相談の最中にメモを取る場面も多く見かける。

相談者は，短時間の法律相談の機会に弁護士がした説明を後に正確に思い起こすことができるように，メモを取ることが多い。

相談者がメモを取りながら相談をする場合は，メモを取りやすいように説明を区切ったり，専門用語をメモして教えたり，全体を理解できるように図式化して説明したりして，メモを取りやすいように手伝ってあげる。

相談者の記載するメモをのぞき込んで見ることはないが，相談者が，わざわざ弁護士からも読めるようにメモを取っていたり，自分のメモの記載の仕方でよいのかを聞いてきた場合，又は，相談者のメモが不正確であったり不十分であると思われるときは，弁護士がその部分の説明を繰り返したり，その場でメモしたものを相談者に見せることもある。

4　明快な説明，繰り返しの説明

(1)　個々の相談者に応じた説明

相談者には，様々な年齢，職業，キャラクターの持ち主がいる。弁護士による法律的な判断や今後とるべき方策についての説明を受け止め理解する程度は，人によって大きく異なる。相談者の中には，思い込みが激しく，一通りの説明では納得しない人や，詳細な点にこだわり，事細かに質問をして弁護士の説明や判断の提供を求める人もいる。

相談者によっては，結論を何度も繰り返して説明することが必要な人，簡明な言葉を用いて説明しないと理解してもらえない人，不必要に細かな説明に入らずその事案の要点に引き戻して説明する必要のある人もいる。

相談者のキャラクターや状況に応じ，相談者がきちんと理解できるような説明を心がける。

(2)　分かりやすい説明
ア　難解な法律用語を使わないで説明する

多くの相談者は，弁護士にとっては当たり前と思われる法律のイロハも，分からないのが当たり前。法律家しか分からない法律用語を使って説明して

も，理解できないことが多い。法律用語を使わざるを得ない場合には，その内容をかみ砕いて説明する必要がある。

相談者の立場に立ったときに十分に理解できる言葉で，なるべくシンプルな表現を用いて説明すること。

検討 13-1　法律用語の内容の説明

初心者である弁護士が相談者などに説明しているのを聞くと，大学，法科大学院，司法研修所で教わった法律用語をそのまま使用して説明することが多い。しかし，一般の相談者は，法律家しか用いない法律用語を耳にしても「ちんぷんかんぷん」である。

契約上の債務の不履行が問題となる案件で，（契約上の義務の）「履行」，「債務不履行」，（契約の）「解除」，「相殺」（を主張すること）など，弁護士としてはよく用いる法律用語を使って説明しても，理解できない相談者の方が多いくらいである。「相殺」（そうさい）のことを多少知っている相談者が「『そうさつ』できますか。」などというのを聞くと，相殺のイロハを知らないことが分かる。

弁護士が説明をするときは，法律用語をなるべく使用しないで説明するようにし，法律用語を使用するときは，かみ砕いて，分かりやすい言葉にして説明することを常に心がける。

法律的な判断を，法律用語をあまり使わないで正確に説明することは，簡単なことではない。初心者である弁護士が一生懸命「分かりやすく」説明しているのを聞くと，内容が不正確で「危なっかしい」と感じられることが多い。

イ　その場面で使う必要のある専門用語を正確に使う

法律相談の内容によっては，専門用語を使用しなければ相談にならないし，弁護士がその用語の内容を正確に知らないと適切な説明をすることのできないものもある。

こうした場面で必ず用いられる「テクニカルターム」は，弁護士がその内容を十分に消化して理解した上，相談者にもその言葉を理解してもらうよう

に工夫する。

検討 13-2 テクニカルタームを使って法律相談を進める例

　例えば，建物の建築工事をするに当たり，「建築確認」（建築基準法第6条）を受けることが必要となる場合は，（建築主事又は民間検査機関に）「建築確認」の申請をしたかどうか，「建築確認」を受けているかどうか，いつ「建築確認」を受けたのか，が問題となることが多い。「建築確認」という制度の内容を理解しないと，このような場面で，正確に法律的な判断をし，その内容を説明することはできない。また，「建築確認」を受けるために必要な「建築基準法令の規定」（建築基準法第6条第1項本文）には，「建ぺい率」，「容積率」，「用途地域」，「高さ制限」，「日影規制」など数多くの規制とそれを表す用語がある。「建築確認」が問題となる場面では，それに関連したたくさんの用語（テクニカルターム）を正確に使って説明し，必要に応じ，その内容を説明する必要がある。

　建築問題のような専門性がないと見られる案件でも，多かれ少なかれ，専門用語が登場する。

　建物の賃貸借契約において，「更新料」，「法定更新」，「定期建物賃貸借」（定期借家契約），「造作買取請求」，「借賃増減請求」などは，借地借家法に定められた用語，概念として登場する。それらの用語を「知らない」では済まされない。その用語を使う必要のある場合，（相談者がその用語の意味を正確に理解していないと思われるときは，）用語の意味を解説しながら，説明していくことになる。

　法律相談ごとに，その場面で必要となるテクニカルタームは，弁護士自身が正確に使うとともに，必要に応じて，その意味を相談者に伝えるようにする。

ウ　時間が長くなり過ぎないように注意して説明する

　相談者に対する弁護士の説明，判断の提供は，まず，要点を簡潔に説明し，説明の時間が長くなり過ぎないように気を付ける。

　「丁寧な説明」を心がけることは大切だが，ダラダラとした説明，結論と

理由が分明でない説明，何が幹であり何が枝葉であるのかがはっきりしない説明，とならないように気を付ける。

> **検討 13-3** 不正確な説明をすると時間が長くかかる

（よほど複雑な事案は別として）ほとんどの初回市民法律相談では，相談者から事実関係の説明と相談者の相談したいことを聞いた上でする弁護士の説明は，10分間から15分間の時間があれば十分に行うことができる。

多くの場合，相談者が独りよがりで弁護士の説明を素直に聞かないなど相談者の側に大きな問題があるケースは別として，説明の時間がかかり過ぎるのは，弁護士が相談者の意図（相談の目的）を十分に把握できていないか，弁護士がその事案の法律上の論点，解決の方向性を（不十分にしか）把握できていないか，弁護士の説明が不正確，不適切であるため相談者の理解・納得を得られず，ズルズルと説明が長引いていくかのいずれかである。

原則として，弁護士の説明は，まず結論（弁護士の提供する判断の結論）を提示し，必要な範囲でその理由となる事実や法律的な判断を述べながら，結論の内容を説明していく。短い時間で，端的に説明することを心がける。事実関係を正確に把握・整理し，法律的な判断を正確に行い，必要な限度で説明すること。

(3) 弁護士が相談者の判断と異なる判断をする場合の説明
ア　自分にとって都合のよい結論や判断を聞きたがる相談者

相談者は，自分にとって都合のよい結論や判断を聞きたがる傾向がある。相談者が思い入れの強い人（また，相談者にとって思い入れの強い事件）である場合は，特にその傾向が強い。

このような場合には，相談者の意に添わない判断やその理由の説明を1回しても，相談者の心の中で打ち消されてしまい，相談者から，後に，そんなことは説明されなかったと主張されることもある。

相談者の意に添わない判断や説明は，弁護士の判断の内容を端的に説明し，その上で，相談者がよく理解できる程度に，念入りな説明をする。その内容

を書面（メモ）にして残したり，（相談者に伝わっていないと危惧される状況にある場合は）繰り返し説明したりして，明確に伝わるように工夫する。

イ　弁護士の判断と相談者の判断のどこが違うのかを明確にすること

(ア)　法律の規定を根拠として説明する場合

相談者がある法律の規定があることを知らないため，弁護士の判断が相談者の判断と異なる場合は，「法律上はこのようになっています。」とか，「法律上はこのように判断されます。」と（根拠を挙げて）説明すればよい。

検討 13-4　借家契約の法定更新

2年間の期間を定めた建物賃貸借契約において，契約書に記載された2年間が経過すると賃貸人と賃借人との間の契約関係が終了してしまう，と誤解している人は少なくない。賃貸人の中には，「契約を更新する手続（更新契約の締結）をしないと契約は終了するので，賃借人に出て行ってもらえる。」と思っている人もいる。こうした誤った認識をしている相談者には，期間の定めのある建物賃貸借契約の期間が満了する前に更新する旨の契約を締結しない場合は，（借地借家法第26条第1項の規定により）「法定更新される」ことになることを説明する。

この場合，注意を要するのは，借地借家法第26条第1項が，「当事者が…通知をしなかったときは，…従前の契約と同一の条件で契約を更新したものとみなす。」という表現を用いて規定されている点である。この規定は，「契約期間の満了により契約は終了する。」という契約法の大原則の例外を条文で規定するに当たり，例外となる効果を生じさせるための法律要件を明確化した形になっている。それだけに，読みとりにくい表現であり，頭に入りにくい。借地借家法第26条第1項の規定を相談者に正確に説明しようとすると，相談者は，かえって混乱してしまう。

「法定更新」については，通常，「契約期間内に，更新する契約を結ばなくても，法律上は，自動的に更新されたものとして扱われます。」という程度の説明で止めた方がよい。

(イ) 詳細な理由を説明しない場合

相談者の判断と弁護士の判断が異なるのがいくつかの理由によるときは，弁護士が，なぜ，相談者のように判断しないのかを説明する。

しかし，場合により，弁護士が判断した理由の詳細を説明する方がよいのか，結論のみを説明する方がよいのかを判断する必要がある。多くの場合，弁護士が判断した理由の詳細までは説明しない方がよい。弁護士からは，結論と，多少の範囲でその理由を説明する程度にとどめることが多い。

検討 13-5 損害賠償請求をすることについての判断の違い

（法律相談において，損害賠償請求をすることができないと判断する場合の説明の仕方の一例）

相談者は，昭和56年８月，大手不動産会社の住宅部門に依頼し，都内の自己所有地に自宅とアパート用建物の２棟を建てた。自宅建物については，翌昭和57年に（完了検査の）検査済証がきた。アパート用建物についても検査済証がきたと思いこんでいた。

平成17年，検査済証のないことが判明。建築工事を行った会社は，大手不動産会社から分かれ別会社となっていたため，その「カスタマーセンター」に問い合わせた。建築した当時，設計図より厚みをつけて建築した部分があり，北側斜線の制限を超えて建物を建築したため検査済証が出されなかったようだ。

このままでは，（アパートとして）賃貸を続けることができない。建築した会社（の事業を承継した会社）に損害賠償請求をしたい…というのが相談の内容。

建物の新築工事が完成したときは，建築主は，４日以内に完了検査の申請をしなければならない（建築基準法第７条第１項，同条第２項）。また，検査済証の交付を受けるまでは，原則として，その建物を使用することができない（同法第７条の６第１項）。相談者が，アパート用建物を賃貸し続けることができないと考えたのは，恐らく，建築基準法の完了検査に関する規制の内容を区などから教えられたからであろう。

新築建物の完了検査の申請がされていない建物の使用制限の規定は，昭和51年の建築基準法改正の際，新たに設けられたようである。相談者の所有するアパートがその当時（昭和57年）から規制の対象とされていたかどうかまでは確認できなかった。しかし，昭和57年頃新築された（大規模ではない）アパートなどは，完了検査を受けていないものも多く存在している。完了検査を受けること自体が徹底されていたわけではない。完了検査を受けていないアパート用建物であっても，賃貸することは差し支えないものとして扱われている。平成21年，東京都のある区の建築指導課の職員から聞いた話では，建物の建築工事の完了検査が行われる例は増えているが，50パーセントには達していないとのことだった。その後，建築士法の改正により完了検査を受けることが徹底され，現在ではほとんどの建物について完了検査がされるようになったとのこと。

　他方で，建築工事を請け負った会社（建築確認の申請，完了検査の申請手続も受任していたと見られる）に対する損害賠償請求は，完了検査を受けなかったことが建築会社の責任と言えるかどうか，それによって，現在，どのような損害が発生しているのか，といった問題がある。何よりも，工事完成後25年余りを経過しているので，債務不履行責任の構成であれ，不法行為責任の構成であれ，消滅時効が完成していることは明白と思われた。

　以上のことを判断したが，相談者にその全てを伝えることは，かえって混乱を招くおそれもあったので，「昭和56年の頃は，多くの建物について（完了検査の）検査済証が出されていません。（現在）建物を使用することは，問題ありません。損害賠償は，25年以上も経っているので，（消滅）時効のため請求できません。」という結論を伝え，多少の説明をして相談を終えた。

　相談時間は，25分間程度。

5 弁護士の（鑑定）意見書や弁護士名のメモの作成・交付

(1) 相談者が対応するべき差し迫った状況にあって弁護士が関与した方がよい場合

　訴訟を提起され、第1回の期日が間近に迫っているような場合、対応の仕方についてアドバイスをするほか、答弁書など簡単な書面は、本人名のものを作成してあげるなどした方がよいことは既に述べた。

　法律相談を受けた案件で、直ちに対応した方がよいと判断され、代理人弁護士が弁護士の名前を出して対応した方がよい場合や、相談者が相手方に法律相談をしている弁護士の名前を出して対応した方がよい場合がある。

　ヤミ金からの請求を受けている案件や、訪問販売、リフォーム詐欺などのいわゆる消費者被害の事件などは、直ちに、原則として弁護士が代理人となって意思表示をした方がよい。

　緊急に対応した方がよいと判断されるが、弁護士が直ちに受任するだけの条件が整わない場合や相談者が弁護士に事件を依頼するかどうか決めかねているような場合、相手方への通知、回答、連絡などをするに当たり、（特定の）弁護士に相談をしていることを伝えておいた方がよいこともある。相談者は、その後、相手方の反応を見ながら、必要に応じ、その弁護士に再度相談をしたり、事件を依頼したりすることになる。

(2) 弁護士名の意見書などを作成した方がよい場合

　弁護士の名前で書面を作成し、それを本人（相談者）が相手方に渡すなどしながら対応した方がよいと判断される場合は、なるべく即日、弁護士の意見書を作成して相談者に交付する。

　私の場合、ほとんどは、時間に応じた相談料の範囲で費用を受け取ることにしているが、出先で法律相談が行われる場合、同日中に相談者に事務所まで来てもらって弁護士名の意見書を交付するような場合は、30分から1時間の相談料程度の金額を受け取るようにしている。

検討 14-1　傷害事件の被害者に関する意見書の例

　次の書面は，2年前，暴行により脳挫傷の傷害を受けた相談者が，その時期に別の弁護士に相談し，入通院が終了するなどしたら損害額の算定についてまた相談をするようにと言われたとして法律相談に訪れ，相手方に請求するための損害額に関する書面を作成して欲しいと言ってきた事案である。病院の診断書（入院，通院の期間も記載されていた。）を持参したので，直ちに，弁護士名で「損害額算定書」を作成してあげた。相談料として1万500円を受領。

（損害額算定書の例）

　　　A　殿

　　　　　　　　　　　　　　　　　　　　　　　弁護士　〇〇
　　　　　　　　　傷害事件に関する損害額算定書

　平成19年〇月〇日に発生した暴力事件（加害者C，被害者A）によりAが被った損害について，以下のとおり算定する。

1　脳挫傷による入院及び通院の際の医療費

　　D病院

　　入院　平成19年〇月〇日から同年△月△日まで

　　通院　上記退院後平成21年〇月〇日まで（1年〇カ月〇日間，実通院日数〇日）

　　　上記入院及び通院費用の本人負担分は約150万円であるとの報告であるが詳細は不明。病院に確認する必要がある。……①

2　1の入通院慰藉料……②

　　入院〇日　通院期間1年〇カ月〇日　201万0,000円

3　後遺症　嗅覚障害……③

　　　自賠責保険に準じて評価　14級9号に該当（局部に神経症状を残すもの）

　　労働能力の5パーセントを喪失と評価　75万0,000円

4　入院雑費……④　4万8,000円

5　通院交通費……⑤　通常の交通手段による通院の実額　？

【合計】 ②+③+④＝280万8,000円

上記の額に，①病院の医療費（約150万円），⑤通院交通費（若干の金額）が加算される。

> **検討 14-2** 精神病院において入院患者が器物を損壊したとして家族が賠償請求を受けたケースで家族あてに作成した意見書の例

次のケースは，相談者Aの親族であるDが病院内で便器を損傷したとして，新品の便器を設置する費用相当額の半額を請求された相談者が法律相談に訪れ，その病院からの請求の書面を見て，相談者から事情を聞き，即日書面（意見書）を作成し，相談者に交付したケースである。相談料1万500円を受領した。

―（意見書の例）――――――――――――――――――――

A　殿

弁護士　　〇〇

C病院における器物破損事故の損害填補に関する評価意見書

標記病院において，入院中のD殿が，平成〇年〇月〇日，病院内の便所の便器のフタを破損したとされる件について，その損害の填補に関し，評価意見書を作成し交付いたします。

1　便器のフタの破損行為について

Dが破損したのであれば，それによって生じた損害を賠償する責任が生じるのが原則であるが，本人が破損行為に及んだ当時，是非を弁別する能力がなかった場合には，不法行為としての破損行為の責任を負わないものと考えられる。本人に是非を弁別する能力が乏しかった場合なども考えられるところであり，病院側が提示するように，破損行為によって生じた損害の2分の1程度を負担するのが適当と考えられる。

2　損害額の算定について

損害額の算定に当たっては，破損された便器のフタの破損行為時の現存価額を基準とするのが原則であり，フタの価額としては，1万円程度以下であると思料される。

便器の型が古くフタのみの取り替え，修理ができず，便器そのものを

> 買い換えて交換する必要があった場合には，破損行為当時の便器の現存価額をどのように評価するかの問題となるが，同型の便器が販売されていない位古い便器であったのであれば，その価額は全体でも3万円を超えることはないであろう。その便器全体について破損の責任を負担させることは不適当であり，価額の半分程度が限度になると思われる。7,500円程度について，D又はその家族が負担するのが相当である。

6 事理をわきまえた即時の判断と対応

(1) 相談者が不正行為を正当化する場合など

相談の中で，相談者の話の中に自己の不正行為を正当化する態度が見られる場合や，事実関係をゆがめて説明していることが分かる場合がある。

こうした場合には，弁護士がそのことを容認していると受け止められることのないように注意する必要がある。

ア 相談者が自己の不正行為を正当化する場合

相談者が法律相談の中で，相手方の態度，対応，処理のあり方などを問題にし，その責任追及をしたいと考え，弁護士の判断，アドバイスを求める場合，相手方の対応のあり方に多少の問題があっても，それが相談者の不正行為の結果惹起されたものであるときには，相手方を非難することも適当でない場合がある。

検討 15-1 区の対応に憤る相談者の例

ア）事案の概要

相談者は，平成5年，東京都内で，建築確認を受けずに，工務店にアパート用建物の建築工事をするように発注し，建物は完成の少し手前まできた。

しかし，隣接する土地の所有者から区に通報され，建築工事は中止させ

られた。公道に通ずる土地の幅員が2メートルを切っており，その部分に隣接する土地の他の所有者の同意が得られなかったため，建築確認を受けることができなかった。

　区は，建築確認がされていない違法建築であり建物を取り壊すべきであるとしつつ，その土地がもともと1筆の土地を4軒が借地していたものを分割した結果相談者の所有となった土地であり接道が不十分であることを考慮し，建物の入り口を1か所に変更するなど，共同住宅から個人用の住宅に変更する工事を行うのであれば建築を許容するとの態度を示した。同時に，公道に通ずる土地は4軒が共用していたため，ガス，上下水道の工事を行ってガス，水道を供給することについて，他の3軒の同意を得ることを条件とした。

　他の3軒は同意せず，電気・ガス・水道の供給がされないまま，相談者は資金を使い果たしたためその後の措置を講ずることができず，13年間が経過した。

イ）区の最近の対応

　最近，相談者が区と交渉したところ，区は，是正図（個人用住宅への変更の工事を行うためのもの）を提出すれば，近隣の同意がなくても，建物を完成させ使用することを認めるという態度に変わった。区が13年前にこのような対応をしていれば，建物を13年間も使えないという事態は生じなかった。区の過去の対応の仕方は誤っていたのであるから，区を相手取って損害賠償の請求をしたい…というのが相談の内容。

ウ）13年前の工事の違法性と区の指導の適法性

　13年前の区（の建築指導課）の対応は，違法な建物新築工事について，これを中止させたが，一部変更工事と通路を共用している者の同意を条件に工事の再開，完成，使用を認めたものだった。

　その時点で隣接する3軒の同意を条件とし，その後，3軒の同意がなくともよいと態度を変更したとしても，13年前の対応が行政機関の処分，行為として違法となるものではない。区に対する損害賠償請求は成り立たないものと判断された。

　相談者に以上のことを説明したが，納得できないという姿勢を示し，不

満そうな態度で帰っていった。

....

イ　弁護士の対応の仕方

　自己の不正行為を正当化しようとする相談者に対しては，事実関係を確認しながら，相談者の行為は正当なものとして評価されないことを指摘する。また，裁判所に手続が移行した場合には，相談者の行為は裁判所からこのように評価される，などという言い方をして，相談者の不正な行為を弁護士が正当なものとして容認していないことを示すようにする。

　相談者が自己の不正行為を正当化し，それに基づいて相手方に対する責任追及をしようとしていることがうかがわれるが，相談者の説明だけからは，相談者の不正行為が行われたかどうかまで判断しきれない場合もある。

　その場合，「相手方は，どうしてそんなことをやってきたのですか？」とか「そのことについて何と言っていますか？」と相談者に聞いていく中で事実関係を明らかにしていくことができる場合もあるが，相談者がその事実（相談者による不正行為の事実）を正直に開陳することは少ない。そういう場合は，相談者本人から当方の言い分を（書面などで）相手方に伝え，相手方がどういう反応，どういう反論をするのかを見ながら，次のステップに進むかどうか判断する，という限度で弁護士の判断を提供するにとどめることが多い。

ウ　相談者が事実をゆがめて説明し，説明した事実を前提として弁護士の判断を求める場合

　法律相談を受ける中で，相談者が事実関係の説明をするときに，自分にとって不都合な事実をあえて述べなかったり，事実をゆがめ（自分にとって都合のよいように）説明することがある。

　その事案において決定的に重要な事実が語られないと，全体としての認識，判断は，的から大きく外れてしまう。

　また，判断の前提となる事実がゆがめられて説明されると，弁護士は，的確な判断をすることができない。

> **検討 15-2** 事実関係をゆがめて説明していることをどこで判断できるか

　相談者の説明を聞いているだけで話の脈絡から考えておかしいと思われる場合がある。しかし、弁護士への相談などに場慣れしている人は、聞いた限りではもっともらしい説明をする。

　同じ種類の案件、同じようなケースを何件か扱った経験があると、通常、相談者が説明するような状況でないことに、すぐに気付く。その点を少し突っ込んで聞いてみれば、大抵の場合、例外的にあり得ることかそうでないかについても判断することができる。

　相談者が事実関係をゆがめて説明するのは、ほとんどの場合、自分に都合の良い結論を導きたいからである。契約関係であれば、相手方の立場と不釣り合いに相談者側に有利な内容を説明するときは、相談者が自分に有利となるように事実関係をゆがめて説明していると疑ってよい。

　不法行為による損害賠償請求の場合は、事件（事故）状況について一方的に相談者側に有利な事情説明をしたり、過失相殺されるべき事情があるのにそのことを（きちんと）説明しなかったりすることがある。また、不釣り合いな慰藉料の金額、営業損害、入通院の費用の請求をしたり、事故（事件）と結果との間の因果関係の主張が強引かつ不自然であるという形で表れることが多い。

エ　弁護士の対応の仕方

　相談者が事実をゆがめて説明していることがうかがわれる場合は、その場で、正確な事実関係を相談者に聞いて確認したり、持参した資料の内容をチェックして事実関係を正した上で、法律的な判断をし、その判断を提供することが必要となる。

　その相談者との関係はたった1回の法律相談で終わる場合であっても、可能な限り事実関係を正確に把握し、把握された事実関係を前提として、弁護士から相談者へその事案についての判断を提供し、説明をするべきである。

検討 15-3　事実確認の仕方，事実確認ができない場合

　相談者が資料を持参しているときは，その場で資料に当たって事実関係を確認する。

　相談者によっては，契約書の記載内容と異なる内容のことを，「相手方が了解した。」として主張することも珍しくない。相談者の主張することの内容が契約書の記載から読みとれない場合は，「あなたは，相手方に○○の責任があると言われますが，契約書の記載内容からは，そのように判断できません。口頭の約束があると言っても，それを裏付ける証拠がない以上，仮に裁判になれば，裁判所はそのように判断しないでしょう。」などと相談者の言い分がそのまま通るものでないことを説明する。

　相談者が契約書などの重要な資料を持参しないで契約の内容はこれこれと説明する場合がある。契約上の権利・義務の内容が問題となる案件であるにもかかわらず肝腎の契約書すら持参しない相談者はよほどうかつであるか，自分の立場を有利にしたいと思う下心があるか，そのどちらかと見た方がよい。

　肝腎の資料を持参しないで相談する相談者に対しては，「契約書をお持ちでないので，（仮に裁判などになった場合）あなたの言うことがどのくらい裏付けられる（主張できる）ことなのかを判断できません。」などと回答する。それでも説明を求められた場合は，「契約書などの書面を見ないと判断できませんが，一般論としては，あなたのような主張を裁判所に認めさせるのは難しいと思います。」と，かなり控えめな（相談者にとって有利と言えない）評価・説明をすることが多い。

　資料上は相談者の言い分をある程度裏付けるものがあったとしても，それを打ち消す別の証拠があるのではないかと予想されたり，相談者の持参した資料から事実関係・法律関係を確定的に判断することが難しいこともある。そうした場合は，相談者の手持ちの資料によっても現段階では相談者の言い分を裏付けることはできないことを説明し，別の確実な資料があるかどうかを聞いたり，確実な資料を見なければ相談者の言い分は裏付けられないことを説明する。

(2) 裁判所の判断とはかけ離れた相談者の判断
ア 事実の評価についての判断

　具体的な案件についての法律相談は，相談者が事実を開陳し，その事実についての法律的な判断や，それにどう対応するべきかの判断を求めるものであることが多い。

　相談者が開陳した事実の中に，これまでに相談者が判断し対応したことの内容や，事実関係についての相談者の判断が含まれることがしばしばある。また，相談者が事案を自分なりに評価・判断し，その判断の内容を弁護士に述べることもある。

　相談者の事実に関する説明の中で，裁判所における判断を予想したときに，それとかけ離れた評価がされているような場合には，「裁判所で判断される場合には，このようになるでしょう。」といった話の仕方で，釘を刺しておく必要のある場合がある。

　このようなやりとりは，相談の中で，即時に判断し，タイミングを失しないですること。そのまま放置すると，事実関係についての相談者の整理の仕方でよいと弁護士が判断したと受け止められてしまう。また，相談者の判断を弁護士も認め，弁護士が同様の判断をしたと受け取られる可能性がある。

イ 法律の解釈についての判断

　相談者が，法律の条項を持ち出してきて，「私の場合は，この法律によれば，こうなると考えられるが，それでいいですか。」と聞いてくることがある。そのような場合には，その場で六法全書を開き法律の条項を読んで確認した上で対応する必要のあることも少なくない。

　法律の規定そのものが相談者の言うことと異なっている場合がある。また，相談者の言う法律の解釈・適用の判断が誤っていたり，「解釈が誤っている」ということはできないまでも，相談者が言うとおりの解釈・適用がされると断定するのが難しいケースであることが多い。

　法律の条項について，相談者の言うような解釈が成り立たない場合は，「その条項はこのように解釈されます。」とコンメンタールのような説明をすることもある。法律について正確な知識を得，理解をするように，日頃から法律の条文に直接当たって確認し，折に触れて解説書に当たっておく必要が

ある。

検討 15-4　法令，法律事務に精通すること

　弁護士法第2条は，「弁護士は，…法令及び法律事務に精通しなければならない。」（同条後段）と規定されている。弁護士法第2条については，「本条は，精神的規定であって，その違反があったとしても，そのことのゆえをもって直ちに懲戒を受けるものではないが，後段については，その違反の程度が著しい場合には，懲戒処分の対象となり得る。」（日本弁護士連合会調査室「条解弁護士法第4版」17頁）と解説されている。「条解弁護士法第3版」の記述を一歩進め，努力義務違反の程度が著しい場合に懲戒処分の対象となり得ることを述べており，弁護士にとって，かなり厳しい内容の規定である。

　「法律に精通」していないだけでは懲戒の対象にならないが，ある弁護士が「建物の区分所有等に関する法律」の規定を知らず，民法の組合理論に基づいてマンション管理組合の決議の効果を否定する「鑑定書」を作成したことにつき，弁護士法第2条の法令精通義務に違反するとして懲戒請求された例がある。

　法律相談を受ける中で，法令の内容や法律の条項の解釈の内容を説明する必要が生じることは，少なくない。その場合，基本的な法律の条文について法律の素人である相談者に明確に伝わるように説明するには，弁護士自身が正確な法律知識を有していることが必須の条件となる。その意味で，法律相談において通常求められる程度の「法律に精通する」ことは，弁護士に要求される基本的な能力といってもよい。

　法律相談において，時には，弁護士が全く知らなかった法律の条項についての判断を求められることもある。

　六法全書に掲載されているものは，その場で条文を確認し，その法律の全体の構造とその条文の位置，規定の内容から必要な判断をし，弁護士の判断として提供しなければならない。法律の種類により規定の仕方も大きく異なるが，様々な法律における基本的な概念・用語，その法律の読み方くらいは，知っていないと困ることになる。

その場で六法全書を開いて条文を確認しても法律の解釈の仕方や，その案件においてどういう意味を持つものかを判断できないときは，分からないことを告げるしかない。
　法律の規定は，ある法律のある条文を見れば，相談者の相談した案件が当てはまり，その法律の規定に基づいて法律効果が生じるように見える場合もある。しかし，いくつかの法律（条項）が適用される可能性のあるケースでは，一般法と特別法の関係が成立しており，相談者のいう条項がそのまま適用されないという場合もある。民法の規定と商法の規定の関係など比較的判断しやすいものもあるが，いくつかの法律の規定が，いずれも適用されるように見える場合は，その案件についてどの法律のどの規定が適用されるのか，簡単には判断できない。ある法律が改正され，その事案では，改正後の規定が適用されるのか改正前の規定が適用されるのか容易に判断できない場合もある。
　その事案の事実関係がどうであるのかという点に絡んでくる場合も少なくない。行政手続上の問題に関係する案件で，行政庁の扱いが変遷しているものもある。こうしたケースでは，1回の法律相談で法律解釈，その法律が適用されるかどうか，適用された場合の法律効果，などを確定的に判断することはできない。事件として受任した後，事実関係の確認と法律の運用状況についての調査をした上で判断し，それに応じた手続をしていくケースもある。
ウ　判例についての評価・判断
　相談者が，自分の主張の正当性を根拠付けるものとして，判例を持ち出してくることがある。法律相談の中で判例を具体的に挙げ，「この判例から判断すれば私（相談者）のケースはこれこれの結論になるのではないか。」といった具合である。
　著名な判例なら大体検討がつくが，下級審の最近の判例で，その分野の判例の中でどのような位置を占めるのか判然としないものもある。判例を持ち出してくるような相談者は，その分野についての法律知識をかき集めて来ている人もいて，「その判例を知らない。」というだけで，「弁護士なのに（判例も）知らないんですか。」とバカにされることになる。判例の内容と相談のケースが合致し，「まさにそのとおり。」という場合もあるが，多くは，相

談を受けたケースがその判例と同じ結論になるとは考えられない。

　相談者の持ち出してきた判例が，相談のケースにそのまま適合しないと考えられる場合には，「判例は，個々のケースについての裁判所の判断なので，このケースにそのまま当てはまることではありません。」などと，その判例から離れたところで判断することを説明した上で，弁護士の判断を提供することがある。

　判例が積み重ねられてきた分野においては，様々な判例があり相談者の主張に沿うものもそうでないものもあるのが通常といってよい。しかし，法律相談において，相談者の持ち出してきた判例についての相談者の評価を否定しようとする場合，別の判例を持ち出して反論しようとすると，判例の評価をめぐって不毛な議論をするはめになることが多い。こうした場面では，別の判例を持ち出して相談者を説得しようとせず，端的に，相談者が持ち出してきた判例は相談されたケースには適合しないことを伝え，弁護士の判断を提供した方がよい。

(3) その事案についての方針のまとめ
ア　相談者自身がその事案の対処方針を述べ，弁護士の意見を求める場合

　相談者の中には，法律相談の機会に，「自分としては，このように対処したい。」と具体的な対応の方針を述べ，弁護士の意見を求める人がいる。その方針が正鵠を射たものである場合には問題がない。しかし，明らかに不適切な方針と思われる場合や危なっかしいと思われる場合，少し無理があるのではないかと思われる場合，前提の事実を確認することができないので適切な方針かどうか判断しきれない場合など，いろいろある。

　こういったケースでは，弁護士が前提となる事実を要約し，とるべき方針や対処の仕方を整理してまとめ，説明することが少なくない。

　中には，弁護士が方針を要約してまとめることを二度三度と繰り返しても，相談者が不正確なまとめ方をし，その確認を求める人がいる。こういう相談者は，弁護士の話を正確に聞いておらず，弁護士のお墨付きをもらったものとして不適切な対応をする危険がある。こういう相談者に対しては，5回でも6回でも，前提となる事実はこれこれ，その場合のとるべき方針はこれこ

れと説明することになる。

説明は，二義を許さない正確な表現を用いて，端的に行う必要がある。

イ　弁護士が方針を提示する場合

法律相談を受ける中で，相談者から，「今後どのように対応したら良いでしょうか。」と聞かれることがある。また，相談者からそのような要望が出されない場合であっても，弁護士から，今後どのように対応すべきであるのかについての方針や考え方を説明しておくべき場合もある。

初回市民法律相談であっても，その案件にかかわる事実関係が明確であり，相談者が今後対処すべきことの内容がある程度以上明確であるときは，弁護士から相談者に，今後とるべき対応や方針についての説明をすることが多い。

相談の中で相談者から受けた説明や資料だけでは，どのように対処するべきかという判断を下せない場合もある。事実関係が明確でないため，その法律相談の内容に基づいて対処するべきことの内容を明確にすることが困難な場合は，事実関係の調査や，資料を相談者自らが確認して判断すること，あるいは，資料を持参して再度法律相談を受けるように勧めるなどする。

────────────────────

> **検討 15-5**　対処すべきことの内容（方針）を判断し説明する

例えば，「アパート経営をしているが，その１室の賃借人が賃料を６か月支払っていないのでどうしたらよいか。」という相談であれば，相談者の希望を聞いた上で，

　ア）未払賃料の督促を書面でする。それを，内容証明郵便や簡易書留の郵便でする

　イ）（書面により）賃貸借契約解除の意思表示をする

　ウ）建物の明渡しと未払賃料の支払を求める訴訟を提起する

　エ）（転貸・賃借権譲渡のおそれがある場合）占有移転禁止の仮処分申請をする

　オ）賃貸借契約上の保証人に未払賃料を支払うように催告する

などの方策のうち，適当と思われることを説明する。また，それらを行うために，

　カ）賃貸借契約書の確認（最初から現在のものまで）

キ）土地・建物の登記簿謄本の取寄せ
ク）建物の賃貸部分の図面の作成（コピー）
ケ）不動産（固定資産税）評価証明書の取寄せ
コ）賃料の支払状況一覧表の作成

などを準備すべきことを説明する。

　相談の内容と相談者の希望することから判断し，考えられる方策の中で，その相談者に必要と思われるアドバイスをすることが大切。

ウ　弁護士に事案への対応方針を語らせ，その選択をしたのは弁護士の責任であるという相談者

　相談者の中には，その事案の結果を左右するポイントとなる事実関係，相手方の対応の仕方などが明確になっておらず，その段階では，どのような対応をするべきかの判断を容易に下せない事案であるにもかかわらず，弁護士に確定的な対応方針を示してもらいたいという人がいる。弁護士からポイントとなる事実関係について質問をしても「分からない。」という答えであったり，一応の答えはあっても，首をひねりたくなるようなものであったりする。

　そのような場合，事実関係を確認すべきこととともに，想定されるケースに応じて（当面）対応すべきことや今後の方針を説明することがある。その内容は，その後重要な事実関係を確認しその内容に応じたものにしていく必要があるという意味で，条件付きの方針ということになる。

　事案によっては，相手方や関係者が今後どのような出方をするかが読めないケースもある。その場合は，相手方の出方を注意深く見守りつつ，当方の対応の準備をしていくのが一般的な対応となる。

　訴訟を直ちに提起するべきか，調停の申立てをするべきか，当面は相手方の出方を見るか，当方から交渉を開始するか，といった方針の選択をする上では，弁護士に事案の内容が明確に伝わっていること，本人の手続遂行の能力（資力，交渉能力）が分かっていること，相手方の対応の仕方が予想できることなどが重要な要素となる。初めて相談に訪れた相談者については，対処すべき方針や手続の内容を確定的に判断することが難しい場合が多い。

しかし，相談者の中には，手持ちの情報が限られているのに「○○の場合だったらどうしたらいいんですか。△△の場合だったらどうすればいいんですか。」と根ほり葉ほり質問してくる人がいる。また，「今私がどうしたらいいのか教えて下さい。」，（相談した案件について）「訴訟を起こした方がいいんですか，訴訟を起こさない方がいいんですか。」などと弁護士の確定的な対応方針の説明や判断を求める人がいる。また，「これで訴訟を起こせば，勝てるのですか，相手方はお金を払ってくれるのですか。」と（確定的な）結果の判断を弁護士に求める人もいる。

こうした相談者に対しては，「今日お持ちになった資料やあなたの説明だけから対処するべき方針を（弁護士が）判断するのは難しいので，○○に関する資料を入手して確認した上，またご相談になったらどうですか。」などと説明したり，「勝訴する可能性はもちろん有ると思いますが，勝訴するかどうかや相手方がお金を払ってくるかどうかまでを今の段階で断定することはできません。」と説明することになる。

検討 15-6　貸金返還請求の事例

相談者が相手方に事業資金として多数回にわたり1,000万円近くを貸し付けたが返してもらえないという法律相談があった。資金を交付した都度作成された金銭消費貸借契約書（会社の役員名義）と，それらをまとめ，「金○○○万円を○○までにお支払いします。」という念書（会社名の下に個人名が記され署名押印されたもの）が最近作成されていた。相談者の説明とその資料だけを見れば，貸金として返還請求訴訟を提起すれば勝訴する可能性が高いものと判断された。しかし，書面上は会社と役員個人のどちらに貸したのか一義的に明確でなく，数枚の金銭消費貸借契約書の合計金額と念書の金額に開きがあった。

その段階で，相談者は，（役員である）個人に対し訴訟で勝てるかどうかという質問をしてきたので，念書の記載からすれば，貸したお金を返済するという意思が表示されているので，当方からの請求の根拠はあると思うが，相手方からどのような主張がされるか，また，どのような証拠が提出されるかは分からないので，それによって訴訟の結論は変わる，という判断を伝え

た。
　その後の相談者からの説明で，この案件は，既に相手方から「債務不存在確認の訴訟」が提起されており，相談者が相手方本人を脅して念書を書かせたという主張がされていること，相手方の訴訟代理人は，この金銭の貸借（出資）にまつわるトラブルを民暴（民事介入暴力）の事案として取り上げていることが分かってきた。相談者は暴力団に関係している可能性が高く，資金の貸付けもまともなものではなくヤミ金に近いものではないかと想像された。
　相談者は「勝てるなら事件を依頼したい。」という態度だったが，弁護士の最初の説明（勝てるかどうかは，なんとも言えない。）があったため，事件を依頼してくることはなかった。

……………………………………………………………………

　相談者の中には「それじゃあ，どうしたらよいか分らない。どうすればよいのか，はっきり言って下さい。」と，断定的な判断を提供しないのは弁護士として無責任である，駄目な弁護士であると言わんばかりの迫り方をする人もいる。
　こうした相談者の話に引きずられて，勝訴の可能性や，相談者としてとるべき方策について断定的な判断を提供してしまうと，その後，別の事実が明らかになったり，相手方の対応が予測したことと異なったりした場合，「あのとき，先生はこう言ったじゃないですか。全然違うじゃないですか。」などと（情報不足であった当時の状況を棚に上げて）「弁護士の判断の誤り」を難詰されることがある。相談者の人柄からくる要素が大きい。
　事案や当事者に（弁護士から見て）不確定な要素がある場合，弁護士から断定的な方針の提示をしたり断定的な判断を提供することは慎重にすること。後で，思わぬしっぺ返しを受けることがある。

7 相談記録の作成と保存

(1) 相談カードの記載と保存

ア 相談カード

　法律相談を受ける際それを記録にとどめるため，法律相談カードの書式を定め，用意しておく。

　法律相談を行ったときは，相談カードに，相談の年月日，相談の内容，弁護士の判断，説明，回答の内容の要点を記載して記録し，(弁護士会の法律相談センターに提出する場合は，そのコピーを受け取るなどして,）その記録を保存する。

　相談カードには，相談者の氏名，住所，年齢（生年月日），相談を希望する事項，紹介者や相談の機会を知った理由，初めての相談か再度の相談か，などを相談者に記載してもらうようにする。

　事務所において法律相談を受ける場合に備え，事務所用の相談カードの書式を作成しておく。事務所で（第1回となる）法律相談を受けた際は，その相談カードに記載するようにした方がよい。

　法律相談センターなどで法律相談を受ける場合，その場所に所定の法律相談カードなどが用意されていればそれを使用し，コピーなどを受け取るようにする。それとは別にメモ用紙に相談の要点や弁護士の判断などをメモし，その記録を保存することが多い。

　出張先や出先で（初回）法律相談を受ける場合は，事務所の相談カードを持参して記載するか，事務所に戻った後に，事務所用の相談カードに記載し，その記録を残すようにする。

イ 第二東京弁護士会法律相談センターの相談カード

　第二東京弁護士会の法律相談センターで使用している相談カードには，相談者の相談内容の要旨を記載する欄と弁護士の回答の要旨を記載する欄とがある。相談カードに，要領よく相談内容，弁護士の回答の内容を記載する。

　法律相談カードは，後に相談者から謄写の請求をされる場合がある。第二東京弁護士会の場合，相談者本人（又はその代理人）から本人（及びその代理人）であることを証する書面を提出して謄写の請求がされたときは，3年以

内の相談カードについて，原則として謄写を認める制度となっている。弁護士による相談カードの記載そのものが後日問題とされる可能性のあることを認識して，カードに記載すること。

　法律相談を受けるときに作成したメモは，相談カードに記載することにより不要となる場合もあるが，相談カードに記載しない事項の記載がメモにはあって保管しておく必要のあるときは，相談カード（のコピー）と一緒に綴って保存する。

ウ　相談者の持参した資料

　ときには，相談者が法律相談に際し説明するため（相談者が作成・取り寄せして）持参した資料を（継続相談をしたいとの希望などにより）相談者から渡されることがある。その多くは，相談者がまた相談をしたいと考えたり，後に弁護士に事件を依頼することを考え，同じ弁護士に相談できるように，資料のコピーを渡すケースである。

　受け取って差し支えないものは，相談カードとともに保存する。

　まれに，相談者によっては，資料を弁護士に渡したことにより，弁護士が事件を受任した，あるいは，弁護士が継続的にその事件のフォローをしてくれる，と誤解する人もいる。単なる法律相談であるのに，個人のプライバシーにかなり踏み込んだ資料や，代替性のない資料を弁護士に渡そうとする相談者は，弁護士にその事件を受任して欲しいと強く希望していることが多い。

　そうした相談者には，法律相談は，1回1回完結するものであることを明確にした説明をし，今回の相談により事件を受任したものではないことを説明する。また，（事件を受任する前は，）資料を受け取らないようにする。

(2) 記録保存の意義，保存期間

ア　法律事務を取り扱ったことの記録

　法律相談は，相談者が弁護士に対し，弁護士の専門的な知見に基づく判断や問題解決への対応のあり方についてのアドバイスを求めるものであることは，本書の冒頭に説明した。弁護士が法律相談を受け，具体的事件の内容について，法律的な解釈や事案の解決に向けた説明，アドバイスをしたときは，

そのこと自体が一つの法律事務を取り扱ったことになる。

　法律相談は，例え1回だけのものであったとしても，弁護士がそれに応対し回答することは，弁護士が法律事務を行ったものとして扱われる。1回の法律相談で終了する場合，弁護士の扱う法律事務も1回限りで完結したものとなる。

　同時に，法律相談は，相談者が事件を解決するためのきっかけであり，弁護士の事件受任の契機ともなる。また，後に依頼者と相手方との関係での利益相反の有無を判断する材料ともなる。さらに，法律相談の記録は，後日，相談者と弁護士との間のトラブル（紛争）を生じた場合に事実関係を証明するための有力な材料ともなる。

　法律相談の記録をおろそかに扱わないこと。

────────────────────────────────

検討 16-1　利益相反のチェック

　ひまわり基金法律事務所など過疎地の法律事務所で業務を行う弁護士の中には，新たな法律相談の申し込みを受け付けた段階で，相手方の氏名を申告してもらい，その相手方から既に法律相談を受けているかどうかのチェックをした上で，法律相談に乗るようにしている弁護士が少なくない。

　東京の新宿に法律事務所があるような場合は，事件の双方当事者から相次いで相談に乗るようなケースは極めて少ないが，過去の相談者や過去の事件依頼者を相手方とする事件の相談がされる例は，ときどきある。その場合には，過去の事件記録や相談カードを確認した上で，利益相反として制限（禁止）される規律に反しないよう対応する必要が出てくる。

　同じ法律事務所の別の弁護士が，同一の案件について，相手方から相談を受けていたようなときは，そのことが分かった時点で，直ちに相談を中止する（又は，相談を受けないようにする。）。その場合は，相手方からの相談を受けたことだけを開示し，その内容について触れてはならない。

────────────────────────────────

イ　相談記録を保存する期間

　医師の作成するカルテについては，5年間，保存するべきものとされている（医師法第24条第2項）。

弁護士については、民法第171条において、「弁護士又は弁護士法人は事件が終了したときから、公証人はその職務を執行した時から3年を経過したときは、その職務に関して受け取った書類について、その責任を免れる。」と規定されている。この規定に定められているのは「その職務に関して受け取った書類」であり、法律相談の記録のうち、相談者が記載した相談カードや、相談者が弁護士に交付し、受け取った書面などがそれに当たる。

弁護士が作成した書面や弁護士自らが収集した資料については、保管すべき期間の定めがない。法律相談に関する記録のうち、弁護士が記載したメモなどは、法律上は保存すべきものとされていないが、これらを含め、（複数回の相談を受けたときは）最後の相談の日から、3年間は保存しておくべきである。

日弁連が平成19年に制定した「依頼者の身元確認及び記録保存等に関する規程」（平成19年会規第81号）は平成24年に全部改正され、「依頼者の本人特定事項の確認及び記録保存等に関する規程」となった。この規程では、依頼者の身元確認等に関する書類は5年間の保存が義務付けられた。

5年間保存することを要する資料がある点を考慮すれば、弁護士の保管、管理する資料については、直接、「依頼者の本人特定事項の確認及び記録保存等に関する規程」による保存が義務付けられないものを含め、（終了のときから）「5年間」、保存することが望ましいということになってきた。

検討 16-2　記録保存の期間、記録の保管・廃棄に当たっての注意

弁護士法第63条は、「懲戒の事由があったときから3年を経過したときは、懲戒の手続を開始することができない。」と規定している。

法律相談に際し相談者から受け取ったものについては、民法第171条の規定により、相談を受けたとき（相談が終了したとき）から3年間は、（相談者に返還しない限り）保管・管理しておく必要がある。法律相談カードで相談者が記載した部分ではない弁護士の記載した部分や弁護士のメモは、民法第171条による保管義務は生じないが、弁護士法第63条の規定に照らせば、懲戒請求される可能性のある期間（3年間）を経過するまでは、管理・保管しておいた方がよいということになる。

いわゆるマネーロンダリングに弁護士が利用されることを防止するため、

日弁連は,「依頼者の本人特定事項の確認及び記録保存等に関する規程」を制定した(平成25年3月1日施行)。

この規程により,弁護士は,「法律事務に関連して,依頼者の金融機関の口座を管理し,又は依頼者から若しくは依頼者のために金員,有価証券その他の資産を預かり,若しくはその管理を行うときは,第3項各号に掲げる方法により,依頼者の本人特定事項(自然人にあっては氏名,住居及び生年月日,法人にあっては名称及び本店又は主たる事務所の所在地をいう。ただし,自然人について,本人特定事項の確認を求めることが正当な法律事務の受任の妨げになるおそれがあるとして規則で定める場合にあっては,規則で定める事項をいう。以下同じ。)を確認しなければならない。」(依頼者の本人特定事項の確認及び記録保存等に関する規程第2条第1項本文)とされている。その関係で,弁護士は,資産管理行為などをしたときは,「それらの概要及び規則で定める内容を記載した書面を作成し,当該資産管理行為又は当該取引等の終了後5年間保存しなければならない。」とされている。また,「…当該資産等を預けようとする者の本人特定事項を確認し,そのために提出を受けた書類の写し又は送付若しくは提出を受けた書類の原本若しくは写し及び当該資産預託の概要が記載された書面を」当該資産の預託終了後5年間保存しなければならないものとされている(同規程第8条第3項)。

なお,記録の保管・廃棄については,弁護士職務基本規程第18条に「弁護士は,事件記録を保管又は廃棄するに際しては,秘密及びプライバシーに関する情報が漏れないように注意しなければならない。」と規定されている点に注意する。

....

8 継続相談,事件受任につなげる工夫

(1) 弁護士が事件を受任した方がよい案件

ア 弁護士が事件を受任した方がよいと思われる場合,弁護士費用対効果についての判断

法律相談を受けた案件のうち，弁護士が事件を受任した方がよいと思われる案件については，相談者に対し，弁護士が事件を受任した場合の事件処理の方針，相手方などへの対応の仕方，内容を説明し，弁護士に事件を依頼することの意味を（なるべく具体的に）説明する。

　初回法律相談の場で弁護士費用（着手金，報酬金）の額を提示することは困難なことが多いが，係争利益の額に応じて弁護士費用の額を算定すること，訴訟手続，調停手続，交渉などに応じた金額となることなど，弁護士報酬の決め方やその概略を説明しておくことが多い。

　依頼者から弁護士に費用（弁護士報酬）を支払い，それに見合った効果が期待できる事件についても同様。ただし，ことさらに，「弁護士に事件を依頼した方がよい。」と強調するのではなく，その案件のこの場面であれば，弁護士から相手方に書面を送って意思表示をしておく方がよいことや，交渉で解決するのは困難と見られるので，訴訟を提起する方向で準備した方がよいことなどを説明し，弁護士なら（私なら）どういう方針で準備するのかという点を説明したりする。

イ　既に別の弁護士に相談や依頼をしている場合

　相談者が既に別の弁護士に相談している場合や，別の弁護士に事件の依頼をしてその弁護士が受任した後に当方に法律相談をし，当方に事件を依頼したい旨の希望が表明される場合もある。

　その場合，どの弁護士に依頼するかの判断は，相談者自身にしてもらうのがよい。事件を受任しようとして，相談者に有利な結果となることを強調したり，ことさらに自分の有能さを売り込むようなことはすべきでない。

検討 17-1 事件の受任に当たり注意すべき事項

　弁護士職務基本規程第10条は，「依頼の勧誘等」について「弁護士は，不当な目的のため，又は品位を損なう方法により，事件の依頼を勧誘し，又は事件を誘発してはならない。」と規定している。

ウ　弁護士費用，事件処理の内容についての説明

　弁護士費用の額，事件処理にかかる手間・期間などに不安を感じている相

談者に対しては，必要に応じ，その説明をする。ただし，初回法律相談では，弁護士費用の額を具体的に提示することは困難である。

　無理に確定的な金額を提示せず，「訴訟費用や弁護士の報酬などは，相手方に請求する金額によって変わりますが，このケースでは，500万円請求する訴訟を起こすなら，着手金として40〜50万円，報酬金は取れた金額の1割から1割5分くらい，裁判所に訴訟を起こす段階で必要な印紙代や予納する切手代などに3〜4万円くらいと思われますが，事件としてお受けする場合は，委任契約書を交わすことになっていますので，その際に（委任契約書の案に基づいて）詳しくお話します。」などと，幅を持たせた説明をする。

　初回法律相談を受けた段階では，事件の内容や相手方の対応の仕方などの詳細が分からないことが多い。弁護士が受任した後どのような事件処理方針を立てるかについての説明も，概略にとどまるのが通常である。しっかりとした見通しと方針を立てるには，必要な資料を持参してもらったり，資料を収集する必要がある場合，資料の収集・持参を求めたり，弁護士が調査案件として事件を受任し調査する方向に向かうこともある。

　初回法律相談において弁護士費用を説明する場合は，「弁護士に事件を依頼する場合，事件をお受けする段階で支払われる着手金と，事件が終了した際に支払われる報酬金とがあります。」，「（相談された）このケースでは，仮に相手方が450万円を支払うよう請求してきたとすれば，450万円を基準にしてその〇パーセントが着手金，相手方に支払う金額が相手方の請求どおりの場合は成功はゼロとなりますので報酬金もゼロ，相手方に支払う額がゼロとなる場合は450万円の利益があったものとして，その〇〇パーセントくらいを報酬金としていただくというのが普通です。訴訟になった場合と，弁護士を通じて交渉する場合の着手金の額は，それぞれ…くらいになるというのが標準的な中身となります。」などと説明する。

(2) 弁護士が事件を受任した方がよいと思われる場合の対応
ア　継続相談の扱いとする場合
　相談者から弁護士に事件を受任して欲しいという希望が語られたり，その後も同じ弁護士に相談をしたいという意思が示される場合がある。

法律相談の内容から判断して弁護士が事件を受任するか同じ弁護士が継続して　相談に乗った方がよいと判断される場合は，近い日時に再度の相談を受ける機会を設けるか，「継続相談」の扱いにする。

　再度の法律相談の予約をしたり，弁護士に事件を依頼する場合の費用などを記載した委任契約書の案を作成して相談者に送ったりする。また，事務所において，事件や継続相談の案件についてのファイル（事件記録）の作成や，担当職員の配置，依頼者ごとに作る入出金・預り金のコードの設定などをしてその事件に対応できるようにし，事件を受任して対応できる態勢を整える。

検討 17-2　ファイルの作成など

　法律事務所ごとにシステムは異なるが，一般的には，事件を受任するごとに，その事件をファイル（この場合の「ファイル」は，その案件を事件として登録すること）し，事件名，依頼者名を表示したファイル（事件記録）に資料，メモを綴じる作業をする。また，必要事項をコンピューターに入力し事件登録をする。

　私の場合，継続相談の案件は，記録の作成，編綴をし，相談を受けるごとにメモや資料を加えていくようにしている。継続相談から事件受任に至る場合もあるが，数回相談を受けただけで事実上終わってしまうものもある。受任事件の記録管理と法律相談カードの管理の中間に位置するものとして，事件記録の管理に準じた扱いとしている。継続相談案件についても，事件登録（ファイル）をすることもある。その場合は，相談者との関係では継続相談であるが，事務所内部の取扱いは，ほぼ受任事件に準じた対応をしている。

　事件の受任には至らないが，（継続的に）相談を受け，登記簿謄本を取り寄せるなどをするため金員を預かるような場合は，入出金・預り金のコードを設定して対応するのがよい。

イ　事件の受任に向けた段取り

　直ちに受任した方がよいと思われる事件については，即日又は翌日に再度の打合せの予定を入れるなどし，速やかに事件受任の手続に入っていくようにする。その場合，再度の打合せまでに，委任契約書の案を作成し，弁護士

に事件を依頼する場合の弁護士費用・実費の額が明確になるよう準備する。
　相談者が，事案の状況の進展や変化に応じ，再度の相談を申し込んで弁護士からのアドバイスを受けたり，必要に応じて弁護士に依頼しやすいように，弁護士の名刺を渡したり，さらに相談を希望する場合のアポイントのとり方を伝えたりしておく。

資 料（相談カード）

相談カード

この書面の記載事項は法律相談，弁護士紹介および受任弁護士の事件処理に利用するほか，法律相談制度の改善のための資料として利用することがあります。

相談者記入欄

氏名	フリガナ こうの はるこ 甲野 春子	男・㊛	生年月日 S60年6月1日	職業	会社員

住所：〒　東京都豊島区○○1-2-3

電話：080-○○○○-○○○○　（自宅・㊙携帯・呼出）

本日受けたいご相談の内容（簡単で結構ですのでご記入下さい。）

業務上横領について

○以前にも同じことでご相談されたことがありますか。　なし・㊡あり　どこで（池袋の法律相談センター）

担当弁護士記入欄

相談日：平成25年5月15日（水）　午後2時25分 ～ 午後3時00分

担当弁護士　　　　　　　（登録番号　　　　）
　　　　　　　　　　　　（登録番号　　　　）

相談内容
1．婚姻・家族　2．親族・後見　3．相続・遺言　4．不動産（所有権・売買・賃貸借・建築・その他）
5．相隣関係（日照・騒音・境界・その他）　6．債権（貸金・売掛・請負・その他）　7．債務処理
8．損害賠償（証券・先物取引・製造物責任・その他）　10．労働　11．商事・会社関係　12．知的財産権
13．民事介入暴力　14．特殊事件（税務・渉外・行政等）　㊂刑事　16．建築
17．その他（　　　）

媒体調査
○ この相談所をどのように知ったか
1．ホームページ（弁護士アポ・㊙パソコン・携帯・スマートフォン）・その他（　　　）
2．電話帳　3．弁護士会の電話ガイド　4．新聞　5．テレビ　6．ラジオ
7．各区暮らしのガイド　8．パンフレット　9．知人の紹介　10．弁護士の紹介
11．機関の紹介（法テラス，区・市役所，消費者センター，裁判所，警察署，クレジットカウンセリング協会，その他）
12．その他（　　　）

結果処理
㊀相談のみで終了　2．継続相談　3．直接受任　4．弁護士を斡旋　5．文書作成
6．法テラス紹介・持ち込み　7．仲裁センター紹介　8．その他（　　　）

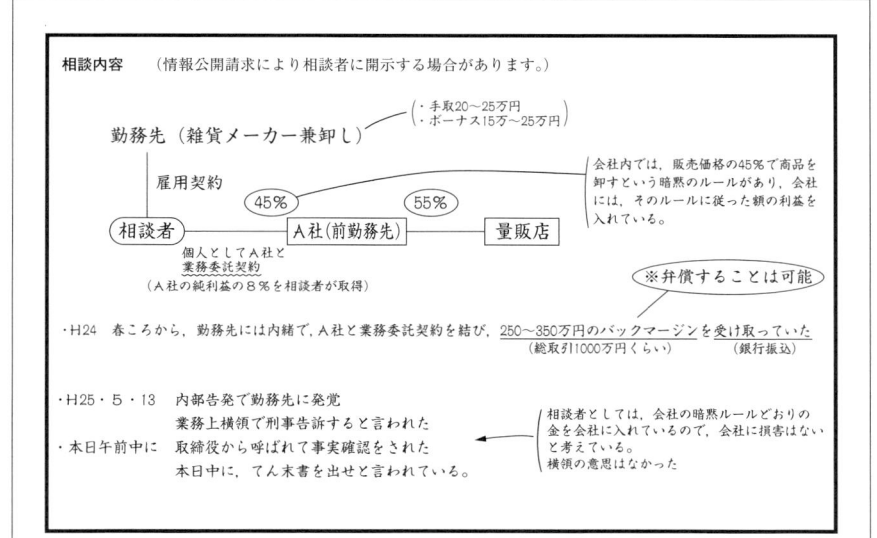

相談内容　（情報公開請求により相談者に開示する場合があります。）

```
勤務先（雑貨メーカー兼卸し）  ─(・手取20～25万円 / ・ボーナス15万～25万円)
    │雇用契約
    │         ┌45%─┐    ┌55%─┐
  相談者 ─────  A社（前勤務先） ─── 量販店
    個人としてA社と
    業務委託契約
   （A社の純利益の8％を相談者が取得）
```

会社内では、販売価格の45％で商品を卸すという暗黙のルールがあり、会社には、そのルールに従った額の利益を入れている。

※弁償することは可能

- H24　春ころから、勤務先には内緒で、A社と業務委託契約を結び、250～350万円のバックマージンを受け取っていた（総取引1000万円くらい）（銀行振込）
- H25・5・13　内部告発で勤務先に発覚
　　　　　　　業務上横領で刑事告訴すると言われた
- 本日午前中に　取締役から呼ばれて事実確認をされた
　　　　　　　本日中に、てん末書を出せと言われている。

相談者としては、会社の暗黙ルールどおりの金を会社に入れているので、会社に損害はないと考えている。
横領の意思はなかった

回　答

- この事案で、業務上横領罪が成立するかどうかは判断が微妙であり、刑事告訴された場合に、警察が受理するかどうかも判断が微妙である。
- 刑事告訴されても、被害額である250～350万円を弁償すれば、起訴される可能性は低くなり、起訴されても実刑になる可能性は極めて低いだろう。
- ただ、刑事事件にならない場合でも、懲戒解雇の理由にはなるだろう（＊業務委託契約とは異なり、完全な雇用契約であるから、勝手に取引先と業務委託契約を結んでバックマージンをもらうこと自体、懲戒解雇理由となる）。

資料（相談カード）

相談カード

この書面の記載事項は法律相談，弁護士紹介および受任弁護士の事件処理に利用するほか，法律相談制度の改善のための資料として利用することがあります。

相談者記入欄

氏名	フリガナ　おつ　かわ　あき　こ 乙川秋子	男・㊛	生年月日　S25年4月1日	職業	会社員

住所：〒160-0022　東京都新宿区新宿〇-〇-〇

電話：03-〇〇〇〇-〇〇〇〇　　㊦自宅・携帯・呼出

本日受けたいご相談の内容（簡単で結構ですのでご記入下さい。）
位置指定道路に関すること

○以前にも同じことでご相談されたことがありますか。　㊺なし・あり　どこで（　　　　）

担当弁護士記入欄

相談日：平成25年5月15日（水）　㊦午後 2時10分　～　㊦午後 2時40分

担当弁護士　　　　　　　　　（登録番号　　　　）
　　　　　　　　　　　　　　（登録番号　　　　）

相談内容
1. 婚姻・家族　2. 親族・後見　3. 相続・遺言　④ 不動産（所有権・売買・賃貸借）㊹建築　その他
5. 相隣関係（日照・騒音・境界・その他）　6. 債権（貸金・売掛・請負・その他）　7. 債務処理
8. 損害賠償（証券・先物取引・製造物責任・その他）　10. 労働　11. 商事・会社関係　12. 知的財産権
13. 民事介入暴力　14. 特殊事件（税務・渉外・行政等）　15. 刑事　16. 建築
17. その他（　　　　　　　　　　　　　　　　　　　　　　　　　　　　　　　　　　　　　）

媒体調査
○ この相談場所をどのように知ったか
1. ホームページ（弁護士アポ（パソコン・携帯・スマートフォン）・その他　　　　　　　）
2. 電話帳　3. 弁護士会の電話ガイド　4. 新聞　5. テレビ　6. ラジオ
7. 各区暮らしのガイド　8. パンフレット　9. 知人の紹介　10. 弁護士の紹介
11. 機関の紹介（法テラス，区・市役所，消費者センター，裁判所，警察署，クレジットカウンセリング協会，その他）
⑫ その他

結果処理
① 相談のみで終了　2. 継続相談　3. 直接受任　4. 弁護士を斡旋　5. 文書作成
6. 法テラス紹介・持ち込み　7. 仲裁センター紹介　8. その他（　　　　　　　）

相談内容 （情報公開請求により相談者に開示する場合があります。）

新宿区新宿にある自宅　再築する予定
南側の1メートル幅の通路が位置指定道路
ということで，右道路の南端から4メートル
は道路敷として確保しなければならない。
資料として昭和15年建築線指定として4メートル幅の道路が
もうけられている図面を持参。
ハウスメーカーからかなり家を狭くした設計をされた。
こんなに土地を削られなければいけないのか。

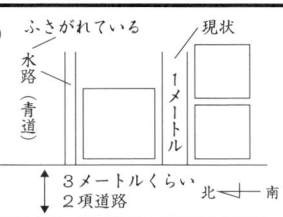

（図：ふさがれている／現状／水路（青道）／1メートル／3メートルくらい 2項道路／北←→南）

回　答

担当者にTEL　　西側 → 二項道路，南側 → 区に照会中
S15年の図面に入った建築線指定は建基法の施行前のもの
現行法は，位置指定道路を現状として4メートルないと決めない扱い
そもそも位置指定道路なのか確認すべき。以下のケースが考えられる。

① 位置指定道路　→　隣接地所有者と位置指定道路の廃止について
　　　　　　　　　　同意をする必要
② 二項道路の場合　→　中心線を区の道路台帳で確認して
③ 単なる通路　　→　境界を確認して通常どおりの設計をすればよい

索　引

あ

意見書 …………………………………… 139
依頼者の要求水準 ……………………… 44

か

貸金返還請求 ……………………… 24, 153
金銭消費貸借契約に関する相談 ……… 63
行政法規違反 …………………………… 13
クレームへの対応 …………………… 104
結果の見通し …………………………… 41
建築工事に関する相談 ………………… 62
控訴理由書提出の期間 ………………… 92

さ

催告書が送られてきているとき ……… 95
詐欺 …………………………………… 10, 11
時効期間（除斥期間） ………………… 94
事件受任の段取り ……………………… 40
事件受任を希望している場合の対応 … 82
事件処理の方針 ………………………… 78
事実関係の確認 ………………………… 67
事実（関係の）整理 ……………… 26, 72
借家契約の法定更新 ………………… 136
宗教上の信仰 …………………………… 19
受任するべきかどうかの判断 ………… 42
初回市民法律相談 ……………………… 5
心理カウンセラー ……………………… 15
相談カード ………………………… 56, 57
相談時間の取り方 ……………………… 66
相談者が作成したメモ ………………… 59
相談者との信頼関係 ………………… 107
訴訟受継の申立て ……………………… 91
訴訟代理権 ……………………………… 92

訴訟マニア ……………………………… 43

た

他人の抱える法律問題の相談 ……… 122
他人の事件に関する法律相談 ……… 120
答弁書 …………………………………… 96

は

判決（書），決定（書）が送られてき
　た場合 ………………………………… 94
被害感情や憎悪 ………………………… 17
被害妄想 ………………………………… 20
非弁護士との提携の禁止 …………… 123
秘密（の）保持 ……………… 113, 114, 118
弁護過誤 ………………………………… 90
弁護士の判断（を提供） ……… 30, 37, 80
弁護士報酬 ……………………… 40, 45, 76
弁護士法第25条 ………………………… 6
法律相談カード ………………… 56, 155
法律相談進行のイメージ ……………… 54
法律的な判断の開示 …………………… 74
法令，法律事務に精通すること …… 148

ま

無理筋の主張 …………………………… 32
明快な説明 …………………………… 132
メモの取り方 ………………………… 128

ら

利益相反 ………………………… 121, 157
リフォーム詐欺 ………………………… 11

著者略歴

藤　井　　　篤（ふじい　あつし）

弁護士　第二東京弁護士会所属

昭和54年4月　　　　　　　　弁護士登録
平成9年4月～平成11年3月　第二東京弁護士会事務局長
平成11年10月～平成13年7月　日本弁護士連合会司法改革担当嘱託
平成13年9月～平成15年3月　日本弁護士連合会司法改革調査室嘱託
平成14年4月～平成15年3月　第二東京弁護士会副会長
平成15年4月～平成17年6月　日本弁護士連合会事務次長
平成19年4月～平成20年3月　日本弁護士連合会常務理事
平成17年9月～　第二東京弁護士会の都市型公設事務所「弁護士法人東京フロンティア基金法律事務所」の所長に就任　現在に至る

　第二東京弁護士会，日本弁護士連合会の役員・各種委員会の委員を歴任。
　最近は，公設事務所所長として法律相談，事件活動に精力的に取り組み，消費者事件，不動産事件，建築関係事件，医療事件を多数扱っている。また，法律相談を多数（8年間で2,500件）受けており，毎月数回，新宿法律相談センターで建築専門相談を受けている。

取扱業務の概要
　不動産関係事件，建築関係事件，消費者被害事件，倒産事件（企業・個人），医療事件（医療機関側・患者側），マンション関係事件，労働事件，労働災害，刑事事件，民事一般

弁護士法人東京フロンティア基金法律事務所
〒160-0022
東京都新宿区新宿3丁目1番22号　NSOビル6階
電話：03（5312）2820　　FAX：03（5312）2821

弁護士の仕事術 I
法律相談マニュアル

定価：本体1,700円（税別）

平成25年7月26日　初版発行	
著　者	藤　井　　　篤
発行者	尾　中　哲　夫

発行所　日本加除出版株式会社
本　社　郵便番号 171-8516
　　　　東京都豊島区南長崎3丁目16番6号
　　　　T E L　(03)3953-5757（代表）
　　　　　　　　(03)3952-5759（編集）
　　　　F A X　(03)3951-8911
　　　　U R L　http://www.kajo.co.jp/
営業部　郵便番号 171-8516
　　　　東京都豊島区南長崎3丁目16番6号
　　　　T E L　(03)3953-5642
　　　　F A X　(03)3953-2061

組版　㈱郁文　／　印刷・製本　㈱倉田印刷

落丁本・乱丁本は本社でお取替えいたします。
Ⓒ A. FUJII 2013
Printed in Japan
ISBN978-4-8178-4097-4 C2032 ¥1700E

JCOPY　〈(社)出版者著作権管理機構　委託出版物〉

本書を無断で複写複製（電子化を含む）することは、著作権法上の例外を除き、禁じられています。複写される場合は、そのつど事前に(社)出版者著作権管理機構（JCOPY）の許諾を得てください。
また本書を代行業者等の第三者に依頼してスキャンやデジタル化することは、たとえ個人や家庭内での利用であっても一切認められておりません。

〈JCOPY〉　H P：http://www.jcopy.or.jp/, e-mail：info@jcopy.or.jp
　　　　　電話：03-3513-6969, FAX：03-3513-6979

弁護士育成におけるスペシャリストが、
「これまでのハウツーものには書かれていない」
実務家精神とノウハウを伝授！

新シリーズ刊行！

日本弁護士連合会 会長推薦

弁護士の仕事術
（全7巻）

弁護士 **藤井篤** 著

Ⅰ：法律相談マニュアル

2013年7月刊 A5判 184頁 定価1,785円（本体1,700円） ISBN978-4-8178-4097-4

商品番号：40521　略号：弁仕1

- 豊富な弁護士育成経験において、新任弁護士向けに書き溜めた冊子を基に、「法律相談とは何か？」「相談者は何を求めて法律相談に来るのか？」「法律相談の進め方は？」「相談者と信頼関係を築くには？」「継続相談、事件受任につなげる工夫とは？」といった疑問について解説。
- 事例を数多く取り上げたほか、理念的・抽象的な表現を補足するなど、読みやすさ、わかりやすさを工夫。

Ⅱ：事件の受任と処理の基本

2013年7月刊 A5判 248頁 定価2,310円（本体2,200円） ISBN978-4-8178-4098-1

商品番号：40522　略号：弁仕2

- 豊富な弁護士育成経験において、新任弁護士向けに書き溜めた冊子を基に、「受任するかをどう判断する？」「事件受任の対応方法は？」「受任するために工夫すべき点は？」「受任に当たってのポイントは？」「受任後の事件活動の注意点は？」「依頼者との打合せや相手方・裁判所との交渉方法は？」といった疑問について解説。
- イメージがわきやすい具体的事例を多数収録。

【順次刊行予定】

- Ⅲ：依頼者との契約と弁護士報酬　2013年9月刊
- Ⅳ：交渉事件の進め方・和解　2013年10月刊
- Ⅴ：不動産事件 処理の基本　2013年11月刊
- Ⅵ：建築関係事件 処理の基本　2014年1月刊
- Ⅶ：法律事務所 運営のポイント　2014年3月刊

※上記は2013年7月現在の予定です。発刊時に変更になる場合がございます。

日本加除出版

〒171-8516　東京都豊島区南長崎3丁目16番6号
営業部　TEL（03）3953-5642　FAX（03）3953-2061
http://www.kajo.co.jp/